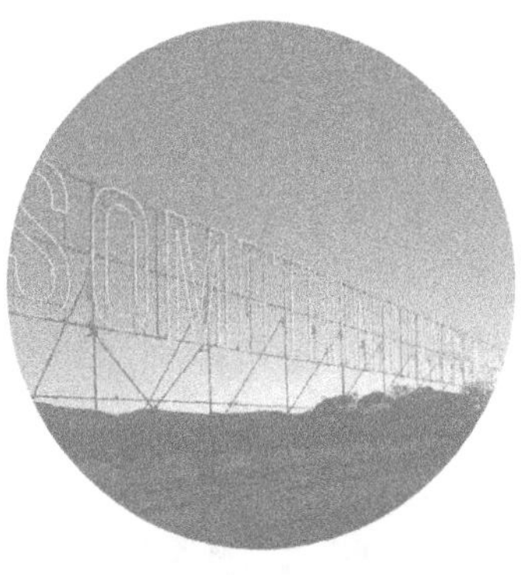

Memento. L'ossessione del visibile
di Pietro Gaglianò

© 2016 Postmedia Srl, Milano
seconda edizione

Design: Roxaninem

www.postmediabooks.it
ISBN 9788874901470

Memento
L'ossessione del visible

Pietro Gaglianò

postmedia●books

... tutto ciò che riguarda gli uomini, quanti più uomini è possibile,
tutti gli uomini del mondo in quanto si uniscono tra loro in società
e lavorano e lottano e migliorano sé stessi,
non può non piacerti più di ogni altra cosa.
Antonio Gramsci, *Lettere dal carcere*

Lo spettacolo è il capitale a un tale grado di accumulazione
da divenire immagine.
Guy Debord

... sognai che qualcuno mi domandava in modo insistente
se non credevo che il gusto così attuale per l'universo delle immagini
si alimentasse di un'oscura opposizione al sapere.
Enrique Vila Matas, *Kassel non invita alla logica*

- Che cosa resta?
Resta la lingua.
Hannah Arendt

Memento nasce dall'analisi di un caso storico singolare, quello del mausoleo al gerarca fascista Costanzo Ciano, progettato per la città di Livorno e mai completato: un memoriale, incompiuto e in rovina, che segna la presenza tangibile del passato e ne impedisce la rimozione. Da questa vicenda si avvia una riflessione su alcuni monumenti e sullo spazio urbano, sulle capacità mitopoietiche delle comunità e sulle forme che le narrazioni collettive assumono in contrasto o in continuità con la presenza di simboli imposti come sintesi della memoria condivisa. Il percorso è guidato dal riferimento continuo al potere, alle sue estetiche, ai suoi strumenti di polarizzazione della società attraverso la perpetuazione di se stesso nella dimensione del visibile, attraverso la corruzione del linguaggio e, risalendo lungo le parole, della facoltà immaginativa delle persone. Soprattutto, il libro è incentrato sull'arte come ricchezza inestimabile e inesauribile antidoto al monopolio del visibile, anche quando si dispiega all'interno dei disegni del potere stesso. L'arte in tutte le sue forme, che splende come un incendio illuminando le rovine della storia; l'arte che sta alla libertà nello stesso modo in cui, vedremo, l'immaginazione sta alla resistenza; l'arte che, infine, tiene unito il senso dell'umanità e da sola può raccontarne gli sguardi e la speranza attraverso il tempo.

Memento, con la sua prossimità etimologica a 'monumento', è la forma che il latino *memini* assume nell'imperativo futuro, e vuol dire 'ricorderai', 'terrai a mente' e per estensione 'ricordati di ricordare'. Un imperativo che comprime la possibilità immaginativa dei singoli e delle collettività e che, quando viene espresso da chi detiene concentrazioni anomale di controllo o di autorità, ha un suono particolarmente sinistro. *Monumentum* in latino deriva da *moneo*, un verbo i cui usi hanno sempre a che fare con una relazione verticale di passaggio di informazioni o di esercizio del potere: 'informare', 'educare', 'persuadere', tra gli altri, e anche 'punire' o 'ammonire' (la radice è la stessa di 'monito', e tra le forme antiche dell'italiano 'monumento' i dizionari registrano 'monimento'); la traduzione principale di *moneo* è, però, 'ricordare' o 'far ricordare'. La diffusa familiarità della lingua parlata con il termine 'monumento', con la sua derivazione 'monumentale' e con le interpretazioni che lo riferiscono a una qualità dello spirito, a una questione di proporzioni, all'antichità o alla magnificenza di cose diverse, create dagli uomini o esistenti in natura – e l'abuso, o lo spreco, che delle parole sempre più spesso si fa – tutto questo ha creato una distanza tra la parola e il suo significato, diradandone il senso profondo e sbiadendo la funzione dichiarata nella sua origine.

La nozione di monumento si dispone attraverso un campo semantico che comprende i concetti di tempo, di memoria e di potere, ed elabora un'opinione su come questi possano entrare in combinazione e in che direzione vengano agiti. I suoi contenuti e la sua forma sembrano collegati necessariamente al passato: in greco antico il sostantivo μνῆμα vuol dire 'monumento', 'memoria', ma anche 'tomba', dalla stessa radice si forma μνημονεύω, che si traduce come 'ricordare' e in cui circolarmente è leggibile l'origine del latino *moneo* che, come detto, porta con sé precise ramificazioni punitive. Ugualmente, lo spazio di relazione definito dal monumento, quando prende forma lungo la storia e nello spazio civico, è strettamente collegato all'uso strumentale che del passato viene fatto: tra i molti eventi che lo compongono, "tra le possibili ricostruzioni, un solo passato viene rappresentato come il passato"[1]; il monumento dovrebbe "rappresentare lo spirito delle comunità, ma la sua presenza nello spazio pubblico va molto oltre la semplice rappresentazione e, attraverso invenzioni fraudolente di miti fondativi, impersona chi detiene il potere ed è uno strumento di propaganda, sempre utilizzato nei regimi di qualsiasi tipo"[2]. Da qui si innesta l'altro legame del monumento con il tempo, quello che si lancia verso il futuro, per disciplinarlo a partire dalla sofisticazione del passato e dalla regolamentazione del presente: i monumenti nel corso della storia europea, e fino all'emersione di nuovi strumenti di manipolazione della società, sono stati concepiti "per impressionare un pubblico contemporaneo attraverso la relazione con la storia di chi detiene il potere, resa perenne dalla pietra o dal bronzo"[3]. Il monumento, nella sua declinazione tradizionale, e le forme aggiornate di propaganda conoscono una sola direzione nel passaggio di informazioni: dall'alto verso il basso, anche quando questo passaggio si esprime in modo radiale e diramato grazie alla penetrazione delle tecnologie digitali (il segno dell'evoluzione verso una pervasività faccia a faccia è evidente nella sovraesposizione mediatica dei politici, dove basta registrare gli squilibri di presenze televisive tra esponenti degli ultimi governi italiani ed europei paragonate con quelle di altre posizioni partitiche ed extraparlamentari).

In un caso e nell'altro, al cospetto dell'autocrate in effigie e dei suoi simboli, oppure nella circolarità massmediale evoluta negli ultimi decenni, in cui altri attori deformano l'autonomia critica dei cittadini, l'ossessione per il visibile descrive una linea ininterrotta nelle strategie di condizionamento e di asservimento: Michel Foucault ricorda come dal crepuscolo del mondo antico la vista non venga più ritenuta inestimabile come accesso al sapere, ma assume valore nella definizione delle relazioni di potere[4]. La permanenza del monumento, non certo "più duraturo del bronzo [...] o resistente all'innumerevole serie degli anni"[5], ma sufficiente alla stabilità del regime e della dinastia, precorre la persistenza della presenza nel tempo di Internet e dell'accessibilità all'informazione (o dell'accesso dell'informazione). Alla concentrazione del marmo e del granito si è sostituita la diffusione della comunicazione tecnologica – con una fase di passaggio, negli anni Trenta e Quaranta del secolo scorso, non a caso coincidente con uno tra i più tragici momenti della storia occidentale, in cui all'affezione per la plasticità dei monumenti si è affiancata la fascinazione per i nuovi orizzonti offerti dalla riproducibilità. I monumenti e i medium di comunicazione di massa assolvono la stessa funzione, assicurano al potere il mantenimento di quello squilibrio interno alla struttura della società dello spettacolo che ne garantisce la continuità attraverso il controllo sistematicamente esercitato sui cittadini e la diffusione degli imperativi. Il tutto avviene nel segno di una riconoscibilità elementare, indipendentemente dal contenuto, sia esso un monito alla sottomissione o una spinta all'assimilazione dei modelli dominanti, tutto fondato nella supremazia del visibile.

Al di sotto della propria specifica cultura di ripetizione e controllo dell'immagine, e grazie a essa, il dominio del visibile intreccia relazioni di possesso e abuso che convergono nell'accumulo di capitale, amplificando a dismisura la separazione che corre per tutto il mondo, lungo una linea spezzata (e paradossalmente invisibile), tra coloro che esercitano il potere e coloro sui quali viene esercitato. In *The Sound of Silence* (1995) di Alfredo Jaar, dove si narra la storia di un'immagine che viene celata alla vista (salvo per pochissime frazioni di secondi), la semplice successione dei fatti porta l'attenzione sulla convergenza delle tensioni legate a questo contrastato imperio di un unico senso. La negazione dell'immagine e la solitudine dello spettatore che ne consegue, fino alla scossa della parusia finale, lo trasformano in testimone: lo obbligano a elaborare e riferire. Come ricorda Giorgio Agamben, 'testimone' traduce il latino *testis* ma anche, meno letteralmente, *superstes*, cioè 'superstite', "colui che ha vissuto qualcosa, ha attraversato fino alla fine un evento e può, dunque, renderne testimonianza"[6]. Come in altri suoi lavori legati alla centralità delle immagini, Jaar costruisce un'architettura sull'evidenza e l'occultamento delle cose. Un testo, proiettato bianco su nero all'interno di un cubo che accoglie lo spettatore, racconta la storia di una foto scattata in Sudan nel 1993, presso una missione umanitaria di soccorso per la carestia che da anni devastava il paese. Una bambina macilenta in primo piano giace carponi mentre sullo sfondo riarso alle sue spalle si vede un avvoltoio adulto posato al suolo. Sembra che l'autore, il reporter sudafricano Kevin Carter, non sia intervenuto subito ma abbia aspettato venti minuti prima di fare lo scatto, sperando invano che l'animale aprisse le ali. La foto venne acquistata dal "New York Times" ed è diventata famosa quasi quanto il soldato colpito a morte di Robert Capa o la fuga dal villaggio vietnamita incendiato dal napalm di Nick Út. Carter non fece mai chiarezza sulle circostanze, né sulla situazione generale, né sull'effettivo destino della bambina e ricevette critiche da tutto il mondo per la presunta omissione di soccorso[7]. Nel 1994 la foto valse il Premio Pulitzer a Carter che pochi mesi dopo si suicidò. La proiezione racconta tutto questo e specifica in che modo accade che i diritti della foto siano gestiti dall'agenzia Corbis, proprietà di Bill Gates, così come quelli di circa altri cento milioni di immagini. Solo a questo punto appare la foto, preceduta dallo scoppio di quattro potenti flash, rivelandosi orribile e familiare, quasi emblematica della visione stereotipata di tutto quello che sappiamo e pensiamo dell'Africa. E si scopre che il simbolo dell'opinione collettiva su un'epoca e un continente appartiene a uno degli uomini più ricchi del mondo.

In un caso e nell'altro, come per i monumenti così per la manipolazione attraverso i mass media[8], il luogo in cui avviene la compressione dell'autodeterminazione e del pensiero autonomo, e dove il contrasto si fa più iniquo, è la sfera pubblica – nella definizione ormai consolidata di un costrutto tanto fisico e ambientale, quanto immateriale e psicologico, fatto di segni, segnali e relazioni. Anche quando, con il predominare della solitudine prima catodica e poi digitale (una nuova declinazione del monarchico *divide et impera*), lo spazio urbano è stato desertificato rispetto alla propria funzione di luogo di condivisione della cultura sociale, anche in questi mutati assetti la tensione si svolge lungo i rapporti tra l'individuo politico e l'ente astratto del potere. L'egemonia, come prevedeva Henri Lefebvre, non ha abbandonato lo spazio alla mera esistenza di luogo passivo che ospita individui e rapporti sociali, ma ne fa ancora il suo mezzo costituendo con una logica implicita di saperi e tecnologie un "sistema"[9]. Solo qui, lavorando a una ricollocazione del cittadino rispetto a una complessità civica che sia separata o almeno indipendente dal produttivismo di qualsiasi marca, possono prendere corpo anche le possibili azioni di contrasto, di dissenso, di resistenza e la rivendicazione della sovranità del pensiero. Solo in una dimensione pubblica condivisa e locale ha senso immaginare l'invenzione di nuovi modelli di organizzazione sociale.

La domanda più importante nelle preoccupazioni di chi detiene il potere o esercita il controllo, o intende in qualche modo servirsi di una posizione privilegiata a scapito della pienezza della libertà altrui, riguarda sempre l'identificazione dei destinatari: per la definizione dei loro bisogni, per l'induzione di paure, per la scelta del linguaggio più efficace. Nel mondo distopico preconizzato da Guy Debord e Jean Baudrillard, e materializzatosi nell'Impero analizzato da Antonio Negri e Michael Hardt come soggetto politico e finanziario sovranazionale che governa il mondo[10], la propaganda si fonda sul marketing, sull'imposizione mendace di desideri, sul merchandising di beni incorporei, sulla frammentazione dell'equilibrio e della separazione tra tempo della vita attiva e tempo della produzione di beni. Nella matrice aperta del post-fordismo, il capitalismo cognitivo produce uno sfruttamento "talmente esteso al di fuori dal tempo contrattuale del lavoro da colonizzare economicamente la vita stessa, da assoggettare e controllare ogni spazio di 'libera' azione produttiva"[11]. Mentre nei sistemi piramidali delle società preindustriali e nella struttura bipolare della fabbrica l'individuazione dell'interlocutore (o dell'antagonista) era piuttosto elementare, e altrettanto sbrigativa era la progettazione delle tattiche di assoggettamento, oggi la situazione è molto più complessa, visto che il conflitto tra poteri per la gestione dello stesso sistema socioeconomico "appartiene di fatto all'unità reale, sia su scala mondiale sia all'interno delle singole nazioni"[12], con la moltiplicazione dei termini in gioco e la disgregazione della riconoscibilità di gruppi sociali accomunati da interessi, posizioni giuridiche, bisogni primari. Attraverso questi passaggi, secondo una lettura che va da Gramsci a Lefebvre, l'egemonia si esercita ancora sia sulle istituzioni (la struttura della società) sia sulle rappresentazioni (le forme in cui viene narrata). In questa cornice, l'apparente dispersione delle evoluzioni più recenti del controllo crea equivoci che producono nuove occasioni di abuso, ma preparano anche le condizioni per possibilità inedite di organizzazione positiva.

Ecco perché lo stesso interrogativo sui destinatari della persuasione egemonica interessa, o dovrebbe interessare, chi ha la possibilità di osservare la realtà da una condizione che è al tempo stesso interna ed esterna alla realtà stessa. Molti artisti si sono fatti autori di una rivisitazione radicale della fenomenologia del monumento e oggi agiscono nel contesto di una continua revisione critica delle proprie strategie, sottoponendo a un giudizio severo le sperimentazioni di relazione tra le arti e la sfera pubblica[13]. In scenari continuamente mutevoli l'azione artistica si delinea come vettore di processi che definiscono il senso di appartenenza alle comunità, arginando gli oltranzismi e riqualificando la storia in una prospettiva non autoritaria. Gli artisti si muovono seguendo un passo doppio rispetto alla storia, vivendola mentre la osservano, aprendone l'orizzonte nel momento stesso in cui ne fermano alcuni aspetti nelle proprie opere. Questa condizione diventa enigmatica nel momento in cui viene portato allo scoperto quello che Okwui Enwezor, nell'introdurre il catalogo della biennale veneziana da lui curata, definisce il "rapporto casuale e acritico dell'attuale sistema artistico con il potere, il suo amore per le proprie trappole e i propri privilegi, la sua stessa acquiescenza nei confronti del potere", qualcosa che in nome di una accampata indipendenza dell'arte stessa rappresenta principalmente "la sua totale impotenza a trasformarsi"[14]. L'equivoco che sembra inficiare la lucida premessa di Enwezor è il perdurare di una visione del sistema dell'arte rigidamente monocentrico (di cui la Biennale rappresenterebbe un vertice ideale, sia pure formalmente scollegato dall'apparato finanziario che lo modella e lo subordina), condannato a replicare passivamente fasti e mimesi del capitalismo, oltre a farsene assorbire, a subire la valorizzazione capitalistica e prestarsi per l'estrema metamorfosi del potere in simbiosi con le proprie forme e le proprie dinamiche. Il mondo dell'arte oggi è invece policentrico, ha la fisionomia di un arcipelago dove ogni nucleo è baricentrico rispetto a se stesso e, sia pure tenendosi in connessione con tutti gli altri, ha facoltà di determinare regole proprie e strutture sperimentali e inedite rispetto ai contesti e alle comunità in cui si manifesta. Questa dimensione diasporica costituisce automaticamente una diversione rispetto all'omogeneizzazione dei formati e alla schematizzazione dei rapporti conoscitivi, è un movimento che mette in crisi la capacità sviluppata dai vari sistemi di produzione culturale di assorbire ogni pratica di contrasto. Mancando la frontalità che si genera in quell'aspirazione che la base sociale è spinta a nutrire nei confronti del vertice, viene meno ogni strumento di opposizione e di successiva assimilazione: gli individui e le azioni possono davvero essere immaginati come "macchine desideranti", in grado di attivare processi fuori da dinamiche repressive e ingannevoli[15]. In questi formati può ancora accadere che gli artisti e i loro interlocutori (il pubblico, le collettività che condividono le fasi della creazione dell'opera o che ne sono spettatori e fruitori) si sottraggano alle logiche del capitalismo, alle ambiguità delle attribuzioni di valore, all'ossessione del visibile, curando invece il senso dell'immagine e la preziosità dell'immaginazione.

Ma la portata della sfida è più ampia, almeno quanto alto è il valore della posta in gioco: è la possibilità di un cambiamento concepito come resistenza all'abuso dell'immaginario. È una sfida che si compie al livello della costruzione quotidiana delle relazioni con gli altri e dell'edificio morale individuale, e riguarda la consapevolezza degli strumenti a disposizione: primo fra tutti il linguaggio verbale. La lingua, forse, è ancora uno strumento di resistenza attiva, se si è disposti a pensarla come contenitore le cui profondità sono ancora tutte da sondare, se si vorrà riconsiderare, con una profonda autocritica, il peso della parola e le sue ricadute. Se si accetta che le parole non sono neutre è facile comprendere come il lessico sia, al pari dell'universo del visibile, completamente colonizzato dal potere e dalle sue estetiche. Per questo motivo, per impormi e proporre uno sforzo immaginativo, questo è un libro senza figure, anche se parla in larghissima parte di cose visibili o fatte espressamente per essere viste. Occorre trovare le parole per descrivere le cose e bisogna trovare immagini nuove per tradurle in pensiero.

Mi sembra importante ricordare qui che questo libro nasce grazie all'incontro con un gruppo di artisti, riuniti in Carico Massimo, uno spazio di produzione con sede operativa a Livorno, e alla loro volontà di condividere processi e di aprire confronti. Alcuni temi, in particolare il parallelo con il linguaggio verbale e le connessioni tra memoria e resistenza, sviluppano e approfondiscono argomentazioni espresse in vari saggi ai quali ho lavorato a partire dal 2013, in particolare *La versione di Bruto. Le parole e il potere* e *The Invention of Memory*. Le conversazioni con Jochen Gerz e Thomas Hirschhorn che completano il libro illuminano i concetti qui trattati, portando lo sguardo a muoversi secondo nuove prospettive.

1. Malcolm Miles, *Art, Space and the City. Public Art and Urban Future*, Routledge, Londra - New York 1997, p. 60.

2. Pietro Gaglianò, *La versione di Bruto. Le parole e il potere*, in Teresa Megale (a cura di), *Contesti teatrali universitari*, Firenze University Press, Firenze 2014, p. 44.

3. Miles, *Cit.*, 1997, p. 60.

4. Cfr. Michel Foucault, *Surveiller et punir*, Gallimard, Parigi 1975.

5. Dalle *Odi* di Orazio, libro terzo, ode XXX: "*Exegi monumentum aere perennius regalique situ pyramidum altius, quod non imber edax, non Aquilo inpotens possit diruere aut innumerabilis annorum series et fuga temporum*".

6. Giorgio Agamben, *Quel che resta di Auschwitz*, Bollati Boringhieri, Torino 1998, p. 15.

7. Recentemente sono emerse diverse ricostruzioni più o meno attendibili su quel giorno, sulla foto, sulla bambina, fondate in parte sulle testimonianze di altri reporter e tese a riabilitare la memoria del fotografo. Né questo, né il fatto che la bambina sia sopravvissuta e che fosse, a quanto pare, un bambino inficiano il senso del lavoro di Jaar.

8. La televisione e i media, come ricorda Patricia Phillips, sono "pubblici in quanto accessibili ma consumati in luoghi domestici e gestiti da interessi aziendali"; *Out of Order: the public art machine*, in "Art Forum", dicembre 1988, pp. 92-96.

9. Cfr. Henri Lefebvre, *La Production de l'espace*, Anthropos, Parigi 1974.

10. Cfr. Michael Hardt, Toni Negri, *Empire*, Harvard University Press, Cambridge (Ma) - Londra, 2000 [trad. it. *Impero. Il nuovo ordine della globalizzazione*, Bur, Milano 2003].

11. Marco Scotini, *Quale ordine?*, in "No Order. Art in a Post-Fordist Society", n. 1, 2010, Naba, Milano - Archive Books, Berlino, p. 3.

12. Guy Debord, *La Sociéteé du Spectacle*, 1967 [ed. cons. Éditions *Gallimard*, Paris, 1992, p. 36].

13. Il monumento stesso, come categoria linguistica, è postumo a se stesso e la collocazione di opere plastiche nello spazio pubblico riguarda ormai sculture svincolate sia dalla funzione commemorativa sia dalle finalità celebrative. La scultura, in questa categoria postmonumentale, viene utilizzata dagli artisti come estensione di un lessico personale, come vettore espressivo autonomo, sia rispetto a fattori politici sia rispetto alla relazione con il contesto sociale. A tale dimensione della scultura nello spazio pubblico è stata dedicata la XIV Biennale Internazionale di Scultura a Carrara, curata nel 2010 da Fabio Cavallucci e intitolata *Postmonument*.

14. Okwui Enwezor, *Lo stato delle cose*, in *All the World's Futures*, catalogo della 56. Esposizione Internazionale d'Arte, la Biennale di Venezia, Marsilio Editori, Venezia 2015, p. 20.

15. Cfr. Gilles Deleuze, Félix Guattari, *L'Anti-Œdipe*, Editions Minuit, Parigi 1972.

Il mausoleo vuoto

Il caso del memoriale a Costanzo Ciano a Livorno

Il 25 luglio 1943, mentre si diffonde la notizia dell'arresto di Benito Mussolini, si fermano tutti i cantieri che nonostante il conflitto erano aperti in diverse parti d'Italia. Intanto le casacche (in orbace) sulle spalle di molti vengono frettolosamente cambiate con altre, la guerra continua su molti fronti, nelle città italiane sono pochi i disordini mentre la nazione intera, fino al giorno prima unita nel consenso, esprime grande gioia. A Livorno, sulla collina di Monte Burrone che domina l'immediato retroterra della città, si sospende la costruzione dell'enorme mausoleo dedicato a Costanzo Ciano e, poche ore dopo, nella cava di granito di Villamarina sull'isola di Santo Stefano[1], il lavoro degli scalpellini attorno alla figura del gerarca fascista si interrompe per sempre. Qui, l'estrazione del granito verrà progressivamente abbandonata nel corso di pochi anni, la cava dismessa e i blocchi destinati al monumento per il santuario funebre del ras livornese non prenderanno mai il mare. Il busto e gli altri pezzi appena sbozzati sono ancora oggi tra le rocce sotto il sole mediterraneo, senza un briciolo di grandezza: un Ozymandias tristemente superbo e per sempre remoto nell'arcipelago sardo.

Il monumento era stato commissionato dal podestà di Livorno nel 1939 per omaggiare la memoria di Ciano, nato nel 1876 e morto, pare di stravizi, nel 1939 nella città labronica. Eretto e lasciato a metà, il mausoleo che avrebbe dovuto fare da sostegno alla scultura è stato via via assorbito, in modo per lo più pacifico, nel panorama fisico e culturale e nelle abitudini dello sguardo, grazie a quelle rimozioni sbrigative e auto-assolutorie che seguono la caduta di ogni regime. Rimane un enorme piedistallo vuoto, spoglio da sempre e non in seguito a una purga iconoclasta, il basamento di una gloria che non è stata nemmeno effimera.

Costanzo Ciano apparteneva alle sfere più influenti della gerarchia fascista. Fu fedelissimo a Mussolini (che non a caso nel 1926, "dopo l'attentato Zamboni, lo designò come suo successore in un documento riservato"[2] con il quale si schierò dalla prima ora, diventando già nel 1920 il cardine del movimento a Livorno. Nel corso della carriera politica sfruttò la propria posizione per interessi finanziari di natura privata, tanto su scala nazionale tanto a livello locale, fino ad accumulare un patrimonio tra i più imponenti del Paese[3]. Grazie alla possibilità di controllo come Ministro delle Poste e Telegrafi e poi delle Comunicazioni (carica ricoperta per dieci anni, a partire dal 1924) assegnò appalti a favore dei famigliari e fu strettamente coinvolto nelle molte imprese edilizie e infrastrutturali avviate al porto e nella città di Livorno, con una strategica attenzione alle esigenze e agli interessi dei gruppi dirigenti locali, in modo da mantenere il controllo nel proprio territorio attraverso un'intensa attività di concessioni, traffici e presenza personale, costruendo così una solida "immagine di padre e protettore"[4].

Al potere Ciano ci era arrivato sfruttando il prestigio di una rapida carriera militare in marina, riconosciuta da numerose decorazioni, e lo aveva mantenuto in virtù di quell'ambizione sfrontata e dai modi marchiani che caratterizzò molte delle figure di spicco del fascismo, un po' per imitazione del Duce, un po' per quella sovrapposizione di crudeltà e ottusità che induce negli uomini la convinzione di essere nel giusto, comunque vada, fino a quando soddisfano il proprio interesse. Le alte cariche assunte (fu anche Commissario per la Marina Mercantile e dal 1934 Presidente della Camera, mantenendo la presidenza nella rinominata Camera dei Fasci e delle Corporazioni fino alla morte) e la parentela acquisita con Mussolini attraverso le nozze del figlio Galeazzo con Edda, nel 1930, gli assicurarono la continuità nell'esercizio del potere e l'impunità negli affari. Il perfezionamento formale del personaggio che Costanzo aveva creato di sé, bilanciando spudoratamente fascinazione e disprezzo per i fasti borghesi e le velleità aristocratiche, fu l'esornativo titolo di Conte di Cortellazzo e di Buccari, entrambi scenari delle vittoriose azioni militari in cui si era distinto nella prima guerra mondiale.

Delle origini labroniche Costanzo era orgoglioso in modo quasi ideologico, ribadendo secondo una precisa intenzione di aver "conservato tutti i caratteri del popolo schietto, laborioso, coraggioso, leale [...], nato in una famiglia di lavoratori del mare, in uno dei più tipici quartieri di Livorno vecchia, presso la darsena sonante"[5]. E nella città toscana "promosse e appoggiò, col suo consenso, grandi cose che servissero a quel divenire che a Livorno non mancherà [...]. Costanzo Ciano costruiva per il domani, secondo il suo generoso sogno di grandezza per la sua città"[6], e così sia, con la prosa celebrativa del tempo. Una retorica che si riversava dalle istituzioni in tutti gli strati della società dove, per convenzione, convinzione o paura si esprimeva ammirazione per le sue imprese e dove, alla sua morte, si ostentò profondo dolore. Lo esemplifica l'articolo su un principale quotidiano locale nel darne notizia: "fu grandissimo italiano, ma restò sempre livornese: questo il suo popolo lo sa né lo può dimenticare la gentuccia dei mercatini rionali"[7]. Di fatto, oltre a essere proprietario delle due principali testate livornesi, "Il Telegrafo" e la "Gazzetta livornese", Ciano aveva promosso una politica volta a corrispondere "a esigenze proprie del territorio, a partire dall'allargamento della provincia", e assunse "le presidenze onorarie di associazioni, comitati, enti, favorendo così quel capillare processo di conquista e inquadramento"[8] non solo della classe imprenditoriale borghese, ma di tutti quei segmenti della società livornese conquistabili con pratiche clientelari e paternaliste per cui la storia del fascismo a Livorno coincide todo modo con la personalità di Ciano e con la sua infiltrazione in tutti i livelli di governo politico e finanziario[9].

Tuttavia quella del fascismo a Livorno è la storia di un accesso lento e mai del tutto compiuto. L'ultimo governo comunale eletto prima del Ventennio era presieduto dal sindaco Uberto Mondolfi, socialista[10], che al momento dell'insediamento aveva dichiarato la propria solidarietà alla Rivoluzione russa, a Errico Malatesta e "a tutti coloro che in carcere scontano un pensiero sovversivo"[11]. La virtù antiautoritaria di Livorno si declinava in tutte le diverse visioni e prospettive politiche: repubblicani, socialisti, comunisti[12], anarchici, con una speciale durezza dell'antifascismo dissidente concentrata nei quartieri popolari dove si costituirono le forze livornesi degli Arditi del popolo, la frangia più organizzata e diffusamente attiva di opposizione alla violenza dello squadrismo fascista[13]. Questa diffusa reticenza alla sottomissione portò nell'agosto del 1922 a una vera e propria marcia sulla città, con Dino Perrone Compagni, segretario del fascio regionale, alla testa di un drappello di squadre fasciste locali affiancate da altre fatte giungere appositamente da vari centri toscani. Tra le aggressioni, le sparatorie e i saccheggi, i fascisti imposero, dietro la minaccia di gravi ritorsioni, le dimissioni del sindaco Mondolfi e del presidente della provincia Giuseppe

Emanuele Modigliani[14] che il 3 agosto rimisero il proprio mandato al prefetto, presente Costanzo Ciano, il regista di tutta l'operazione (per tranquillizzare i gruppi conservatori, Ciano aveva disposto l'affissione di manifesti in cui dichiarava il proprio sostegno all'azione fascista). Nei giorni dei disordini furono assassinati Pietro Gigli, consigliere comunale comunista, e il fratello Pilade, segretario della Federazione giovanile comunista (nel corso di una miserabile incursione notturna in cui rimase ferita in modo grave anche la madre dei Gigli); anche il consigliere comunale Luigi Gemignano venne aggredito nella propria abitazione, riportando ferite per le quali sarebbe morto pochi giorni dopo, mentre in diversi scontri a fuoco morirono gli anarchici Filippo Filippetti e Gilberto Catarsi, assieme ad altri cittadini, tra cui due donne e una bambina di sette anni[15].

Mai del tutto pacificata, anche durante il regime, al di fuori o al di sotto dell'adesione dettata dalle convenienze e dal perpetuo rischio di rivalse e sopraffazioni, la "Piccola Russia", come Livorno era definita anche nei verbali delle forze dell'ordine, aveva visto la continuità della resistenza, con una presenza comunista in quasi ogni quartiere, clandestina ma vivacissima, con una "pluralità di manifestazioni di antifascismo spontaneo, molto spesso esistenziali più che politicamente consapevoli [...] dalle scritte sui muri di abbasso il duce e viva Stalin, alle barzellette, i canti in osteria, l'ostentazione di panni rossi"[16], e con azioni di sovversione esplicita, come le manifestazioni in occasione dei funerali del comunista Mario Camici, nel 1933, quando un nutrito corteo seguì il feretro "al canto proibito dell'*Internazionale*"[17] con conseguenti arresti e persecuzioni.

In questa città, il dominio di Ciano passò anche attraverso il cambiamento della fisionomia stessa del tessuto urbano per normalizzare la popolazione e inglobare ogni divergenza in un uniforme consenso. Fu, quindi, un intreccio di interessi economici e di disegno propagandistico che produsse quello speciale impegno nella costruzione di opere edilizie: lo stadio, intitolato alla nuora Edda Mussolini, la risistemazione del lungomare con la splendida terrazza (oggi dedicata a Mascagni) e la costruzione del nuovo complesso ospedaliero (oggi Ospedali Riuniti) che recavano entrambi il suo nome, in totale continuità con quell'aspirazione dinastica che voleva stringere in modo indissolubile il nome della famiglia allo spazio urbano, alla sua forma, ai suoi monumenti. Inoltre, come accadde nella maggior parte delle città italiane, anche a Livorno vennero accelerati e magnificati i lavori delle varie opere di risanamento, con la demolizione di consistenti porzioni del tessuto più antico trasformate in centri direzionali, con la realizzazione di nuovi quartieri di edilizia popolare e di zone residenziali destinate al ceto medio. Nei primi anni Trenta nell'area del centro storico furono eretti edifici per istituzioni pubbliche e per sedi bancarie, conferirono all'intera zona "un'immagine di rappresentanza, adatta a quello che diviene un freddo quartiere bancario, sul quale tendono a gravitare gli uffici del terziario, [...] forse anche su sollecitazione di Mussolini stesso che, convocato il podestà, gli avrebbe ingiunto di 'buttare giù tutto': dal vecchio Ospedale di Sant'Antonio con l'omonima chiesa a quella greca della Santissima Trinità"[18]. Il controllo sulla popolazione passò anche attraverso la pianificazione del territorio e, assieme alle provate speculazioni finanziarie che interessarono tutto il percorso di risanamento di Livorno[19], l'obiettivo era quello di "Sfollare le città", come rivendicava Mussolini con uno slogan pubblicato anche sul "Popolo d'Italia" nel 1928[20]: sfollarle per eradicare i legami antiautoritari, per inibire l'associativismo di categoria, per marginalizzare e indebolire le masse relegandole in distretti remoti.

Tale era la città alla morte di Costanzo Ciano, con le opposizioni politiche quasi del tutto polverizzate e quelle sovversive attive solo nell'ombra, con i grandi lavori al porto e i cantieri urbani aperti destinati a proseguire, rinnovando il legame, e una certa competitività, tra Livorno e il centro del potere a Roma. Per il patriarca vennero celebrate esequie sontuose alle quali parteciparono tra gli altri lo stesso Mussolini e il re Vittorio Emanuele III, mentre dalla Germania giunsero tributi a nome di Hitler e dello stato maggiore nazista, il tutto tra le quinte di "un popolo muto di angoscia al passare della sua salma per le vie dell'amata città nativa"[21]. Livorno, in larga parte paralizzata da quell'afasia morale che contraddistinse ogni provincia italiana dell'epoca, pianse la scomparsa di un munifico benefattore che aveva sempre fatto tutto, come si proclamava, "nell'interesse del popolo".

Inizia in questo momento la storia del monumento a Costanzo Ciano, quando, immediatamente dopo il decesso, il podestà Aleardo Campana deliberò lo stanziamento di sostanziosi fondi per la costruzione di edifici *in memoriam* e la destinazione di 100.000 lire per l'erezione di un santuario funebre che ritraesse Ciano "anche come marinaio"[22]. Allineati o taciturni tutti gli intellettuali, poco desiderosi di abitare confini o galere[23]; entusiasti i cittadini, i cui nomi vennero più volte pubblicati dalla stampa locale, in quanto sottoscrittori spontanei di un'autotassazione per il monumento "per onorare fascisticamente il grande figlio di Livorno"[24].

Tutte le scelte prese attorno al memoriale di Ciano confermano la volontà di rifondare, a partire da Livorno, un'epica della dinastia dominante suggellata dall'unione tra Edda e Galeazzo, in opposizione o, meglio, sovrascrivendo "la vecchia casa sabauda, per incarnare la nuova Italia fascista. E in particolare a Livorno l'immagine della 'seconda dinastia' venne abilmente utilizzata dalla stampa per consolidare il potere dei Ciano, fomentando sentimenti d'orgoglio campanilistico"[25]. Nel giro di poche ore fu definito il luogo che avrebbe accolto il mausoleo: una cava di pietra alberese (immediatamente espropriata) sul versante della collina di Montenero che guarda la costa in prossimità di Antignano e Ardenza, una posizione scenografica, "un punto di vedetta, quasi all'ingresso della città che Costanzo Ciano illustrò con il suo nome"[26], ben visibile da tutto il litorale. Con la stessa rapidità si affidò il progetto allo scultore Arturo Dazzi, il cui stile monumentale tendente al gigantismo, rispondeva con pienezza all'estetica del regime, intrisa di un eroismo retorico che combinasse l'evocazione di un frainteso classicismo e la forza macchinica di un tempo nuovo e moderno che il fascismo pretendeva di aver fondato[27]. Dazzi, amico della famiglia Ciano e, pare, di Achille Starace[28], coinvolse l'architetto Gaetano Rapisardi[29] e presentò dopo pochi mesi un primo progetto che, sia pure con importanti variazioni, verrà mantenuto fino all'abbandono dei lavori.

Come è facile ricostruire dalle immagini dei bozzetti e dai disegni tecnici[30], oltre che da quanto rimane ancora visibile, il progetto segue un impaginato quasi esclusivamente verticale, con il mausoleo vero e proprio a fare da base alla ciclopica scultura di Ciano ritto su un MAS e vestito da marinaio[31]. Alle sue spalle un faro a forma di fascio littorio, alto più di cinquanta metri, avrebbe dovuto coronare visivamente il monumento e farsi piatta allegoria del gerarca in effigie come luminoso esempio della virtù fascista. Il faro venne successivamente arretrato rispetto alla posizione originale, sia per motivi strutturali (avrebbe gravato su un'area delicata dell'edificio) ma più probabilmente per non rendere dominante il riferimento al regime rispetto al nodo costituito da Ciano e dalla sua proiezione sulla città. L'intero complesso infatti è determinato da due idee matrici principali. La prima è il rapporto di Ciano con il mare, fondato su una narrazione eroica, nelle dimensioni e nella postura, ma al tempo stesso umilmente al servizio di un'idea (o della marina, o della patria...), come dimostra la cerata che ne corona la testa in luogo del cappello da ammiraglio. Il volto è quello di un uomo nel fiore degli anni e l'episodio evocato dal motoscafo d'assalto che fa da base si riferisce alla prima, audace età virile del gerarca: per sempre giovane, come si vorrebbe che morissero gli eroi, come sono gli dei e alcuni santi. Nella scultura appena sbozzata si riconosce quasi letteralmente il ritratto tratteggiato da Gabriele D'Annunzio, che si era trovato con lui nell'impresa sul Quarnaro: "lo vediamo torreggiare sul pontile nella sua gran casacca di pelle fosca. È l'architettura umana della sicurezza. Tra le spalle quadre e la collottola rilevata può portare qualsiasi peso di obbedienza o di comando agevolmente.[...] Tiene stretta persino la parola in una bocca sinuosa e profonda che lascia appena intravedere i denti uguali e fitti. Sa ridere come un fanciullo, e sa ridere d'un riso che spacca"[32]. Il ritratto di Dazzi e il progetto dell'intero memoriale, l'uno e l'altro così pianamente comprensibili e tesi alla redazione di un mito, corrispondono a quelle opere d'arte a "carattere culturale e propagandistico che sono come libri aperti per le masse," come Cipriano Efisio Oppo auspicava che fossero le creazioni di quegli artisti che "hanno messo la loro arte a servizio ed esaltazione del Regime a cui si debbono le nuove glorie e fortune della Patria"[33].

Nel monumento, Ciano incarna quindi la contiguità tra l'umano (in cui la popolazione poteva riconoscersi) e una condizione sovrumana, per sempre giovane. Qui si innesta la seconda area di riferimenti, minuziosamente predisposti nella progettazione architettonica, a partire da un intervento di scala paesaggistica con una scalinata che avrebbe portato dal mare direttamente al piazzale antistante il sacrario. La dimensione sovrumana si dispiega come una sacralizzazione del personaggio e della sua dinastia, che fa del mausoleo un autentico tempio funebre, consacrato al culto non tanto della memoria quanto di una presenza legata alla natura stessa dei luoghi e delle vicende umane, secondo un disegno sovrastorico, con l'intenzione precisa di rifondare il pantheon degli eroi e dei padri della patria. Il mausoleo avrebbe dovuto accogliere nel proprio centro fisico e ideale le spoglie di Ciano custodite dentro un sarcofago di marmo rosso (a richiamare il porfido il cui uso era tradizionalmente riservato ai soli imperatori), sorretto da quattro sculture in marmo di Carrara raffiguranti due marinai e due balilla[34]. Nelle navate laterali avrebbero trovato posto le sepolture dei congiunti del patriarca e nel piano superiore era previsto un percorso quasi museale di cimeli e reliquie della vita di Ciano. In tutta la tessitura formale dell'interno come dell'esterno del sacrario i riferimenti diretti al cattolicesimo o al fascismo sono defilati e spesso del tutto assenti, assegnando al personaggio un'estensione che lo avrebbe collocato *sub specie aeternitatis*, fuori dal tempo e dalla storia e perciò volutamente originario rispetto a una mitografia destinata, nelle intenzioni, a tradursi in dominio. L'ascensione dei visitatori al santuario, lungo la scala progettata per portarli dal mare direttamente ai piedi del monumento, riproduce gli stessi meccanismi dei camminamenti religiosi (e con la medesima intoccabilità dell'oggetto della venerazione) ma di segno completamente laico, agendo lungo un segmento elastico dell'immaginario che viene di volta in volta guidato verso una venerazione per una figura arcaica e primaria oppure ricondotto alla dimensione terrena del confronto con qualcuno che è stato anche profondamente umano (a questo ridimensionamento servivano probabilmente i cimeli proposti ai visitatori nel primo piano del mausoleo). Il sacrario contiene quattro su cinque degli elementi stilistici indicati da Stefano Taiss come costitutivi del linguaggio monumentale commemorativo fascista: la presenza di un percorso, la semplificazione della forma, il legame con il territorio e, in una certa misura, il titanico isolamento[35]. Manca significativamente quella "riduzione delle componenti scultoree a simboli di regime" che, invece, a esclusione del faro, sembrano tutti subordinati alla generazione di un nuovo culto legato alla dinastia Ciano a partire dalla santificazione del suo capostipite.

Per dare concretezza a questo disegno agiografico erano necessari materiali, strumenti e risorse che costituirono la prima ragione del rallentamento dei lavori, soprattutto nel quadro storico creatosi con l'entrata in guerra dell'Italia che avrebbe aggravato una crisi economica già patente. Appare singolare in questa prospettiva, se non del tutto contraddittoria, la decisione di portare avanti non solo il sacrario di Monte Burrone, ma anche molti dei cantieri che in altre città italiane impegnavano risorse nell'edificazione di monumenti per coltivare l'idealità di Ciano[36]. Sfruttando la distanza che il decesso creò tra il ras livornese e gli aspetti meno popolari del fascismo e, soprattutto, esaltando in lui l'assenza di responsabilità rispetto all'entrata in guerra, Galeazzo e tutti coloro che avevano investito nel radicamento del mito sul quale solidificare il proprio dominio, avrebbero voluto che "il suo mortale trapasso segnasse il trapasso del suo nome dalla vicenda del mondo sensibile all'immortalità"[37].

Ma il mito è nemico della storia, soprattutto quando nasce da inseminazioni artificiali. Tutto questo finì in modo repentino nel luglio del 1943: nell'isola di Santo Stefano, a Livorno, e altrove. Il faro è stato bombardato dall'esercito nazista in ritirata e del mausoleo rimane un'architettura incompiuta, che oggi ha la desolazione di una scena deserta dopo una fuga precipitosa, una rovina per il futuro che garantisce la persistenza del passato. I cantieri in opera nella città contemporanea, secondo Marc Augé, "oltrepassano il presente da due lati", essendo spazi in attesa che formalmente sollecitano l'idea di un tempo trascorso[38]. Il cantiere del mausoleo condensa queste due direzioni della percezione del tempo, bloccandole per sempre in una sospensione senza confine e in un ricordo ingrato. Quello che è rimasto dopo il saccheggio della prima ora e dopo la dismissione di quanto del cantiere poteva venire riutilizzato è ancora lì, come un mastodontico monolite grigio addossato alla collina, anonimo per chi non lo conosce, quasi del tutto neutro per chi sa di cosa si tratta.

L'Italia del dopoguerra non ha voluto, non ha saputo volere, elaborare un sentimento di responsabilità collettiva rispetto al fascismo. Sono state opposte giustificazioni che coprono tutte le variazioni di senso: dal paragone con i totalitarismi coevi, alla proclamata mancanza di alternative (lo si faceva per paura, o per necessità). L'insensatezza di questa autoindulgenza si rivela nella semplice esistenza di atti individuali e collettivi di resistenza che dimostrano come l'alternativa ci fosse. Bastano come esempio gli undici professori universitari, su un corpo accademico di circa milleduecentocinquanta, che nel 1931, soli e isolati, si rifiutarono di prestare giuramento di fedeltà al fascismo, perdendo così la cattedra; e lo testimonia chi disse di no senza passare alla storia, "gente che ridimensionò la propria vita, anche professionale, sacrificando vocazioni e capacità, consapevole di farlo non solo per l'oggi (il 'Ventennio', che non era, peraltro, preventivabile), ma anche per l'indomani: cioè per sempre"[39]. Accettare su sé stessi e sugli altri compressioni lievi della libertà significa silenziosamente legittimarle e autorizzare quelle successive, ricordando i pallidi compromessi iniziali. Francesco Flora in un articolo del 1943 scriveva "fu perduto così il primo ombroso pudore, la prima ritrosia; fin quando l'abitudine fece credere che volontà e responsabilità non subissero alcun torto in quella graduale discesa verso una totale servitù"[40]. Quando nel dopoguerra, e per tutta la durata della prima Repubblica, la cultura ufficiale e quella orale hanno descritto "gli italiani come oppressi per vent'anni dal fascismo, li si è assolti in blocco come se i veri autori del fascismo non fossero stati loro"[41]. E nella metamorfosi di una intera classe politica, nella recisione con il proprio passato, ben più violenta e profonda della furia iconoclasta che ha scalpellato qui e là in Italia fasci e profili di Mussolini, è stato più facile far transitare i nomi, i modi e la sostanza, acquisendoli nel flusso della (ancora una volta) rinnovata unità nazionale. Non c'è stato lo spazio né, evidentemente, l'opportunità, per affrontare quella storia come l'esito di un concorso di responsabilità e, quindi, di intrattenere un dialogo, doloroso ma necessario, con le testimonianze visibili; contestualmente il riconoscimento (sia pure parziale) della condizione di vittima non è mai stato bilanciato dall'ammissione di una condizione di oppressore. Questo avrebbe imposto una revisione quasi totale non solo delle classi dominanti, ma di tutto il ceto medio e anche oltre, perché, come scrive Hannah Arendt, "il numero di coloro che sono al contempo responsabili e colpevoli sarà relativamente basso. Sono in molti a condividere la responsabilità senza alcuna prova visibile di colpevolezza"[42]. Molto spesso la morfologia dei memoriali che l'Italia repubblicana ha dedicato alle vittime della guerra, a quelle della dittatura e a quelle delle stragi naziste marca un vittimismo di maniera, in linea con la meschina fretta di assolversi, dichiarandosi tutti martiri e tutti innocenti. L'enfasi e la retorica in settant'anni di politica nazionale e territoriale aiutano a comprendere le ragioni di molti ritardi e divari culturali: "l'incapacità delle amministrazioni nella definizione dello spazio pubblico, il mancato sviluppo di un immaginario artistico collegato al dibattito internazionale, la distanza dei cittadini dai linguaggi contemporanei, con la conseguente diserzione dei luoghi della cultura"[43].

Ecco perché la storia del "monumento a Ciano", usando la locuzione che in modo quasi impersonale si è depositata nel lessico ordinario dei livornesi per descriverlo, si conclude così, più o meno definitivamente, disperdendo i suoi possibili esiti nel corso dell'Italia repubblicana. Alcune poco decise e antistoriche resipiscenze vorrebbero, o avrebbero voluto, dare al monumento qualche forma di compimento[44]; in alcuni casi si è parlato di una nuova destinazione o di una tutela conservativa tanto del piedistallo quanto delle parti scolpite[45]. Solo in poche occasioni si è registrato un interesse da parte di artisti che hanno provato a problematizzare la presenza del mausoleo o a risemantizzare i blocchi della statua incompiuta alla Maddalena[46]. Dopo oltre settant'anni la domanda che viene costantemente elusa, qui come altrove, riguarda il rapporto che le comunità costruiscono di sé attraverso quelle immagini che rappresentano la concentrazione visibile di intrecci di potere, volontà popolare, stratificazione della storia.

1. L'isola di Santo Stefano è per estensione la quarta dell'arcipelago della Maddalena, in provincia di Olbia-Tempio.

2. Matteo Mazzoni, *Costanzo Ciano, il fascismo a Livorno*, in "Quaderni di Farestoria", XIII n. 2-3, maggio-dicembre 2011, I.S.R.Pt Editore, Pistoia, p. 20.

3. Giordano Bruno Guerri, *Fascisti. Gli italiani di Mussolini. Il regime degli italiani*, Mondadori, Milano 1995, p. 166.

4. Mazzoni, *Cit.*, 2011, p. 21.

5. *Nel trigesimo della morte di Costanzo Ciano. Creatore del Nuovo Ospedale di Livorno*, Officine Grafiche G. Chiappini, Livorno 1939, p. 9.

6. *Ivi*, pp. 18-19

7. A. Guerrieri, *Ciano il livornese*, in "Il Telegrafo", 30 giugno 1939, Livorno; riportato da Mazzoni, *Cit.*, 2011, p. 19.

8. *Ivi*, p. 21.

9. Cfr. Matteo Mazzoni, *Livorno all'ombra del fascio*, Olschki, Firenze 2009.

10. Nelle elezioni amministrative del 1920 a Livorno il Partito Socialista prese il 47% dei voti.

11. Riportato da Marco Rossi, *Livorno ribelle e sovversiva. Arditi del popolo contro il fascismo 1921-1922*, BFS Edizioni, Pisa 2013, p. 63.

12. È a Livorno che il 21 gennaio 1921 viene fondato il Partito Comunista d'Italia, con un primo rapidissimo congresso al Teatro San Marco, in seguito alla scissione dell'area di estrema sinistra del Partito Socialista Italiano avvenuta nel corso del XVII congresso tenuto al Teatro Goldoni.

13. Sulla vicenda livornese degli Arditi del popolo, e sulla scarsa cittadinanza che trova nella storiografia ufficiale cfr. Marco Rossi, *Arditi non gendarmi! Dall'arditismo di guerra agli Arditi del popolo 1917-1922*, BFS Edizioni, Pisa 1997-2011; Rossi, *Cit.*, 2013.

14. Fratello di Amedeo, Modigliani fu tra i fondatori della sezione livornese del Partito Socialista e uomo politico di spicco. Dopo il rientro dall'esilio, nel 1947 divenne membro della Consulta e dell'Assemblea costituente.

15. Tra i danni alle architetture di quei giorni si ricorda l'incendio della Camera del lavoro confederale e numerose distruzioni in sedi di partito, circoli di dopolavoro, cooperative, oltre a proprietà e abitazioni private; cfr. Rossi, *Cit.*, 2013, pp. 55 e ss.

16. Mazzoni, *Cit.*, 2011, p. 28.

17. Rossi, *Cit.*, 2013, p. 68.

18. Gianpaolo Panessa, Olimpia Vaccari, *Livorno. Il primato dell'immagine*, Pacini Editore, Pisa 1992, p. 110.

19. Torna costantemente "evocato sullo sfondo di tali operazioni immobiliari, il nome di Costanzo Ciano, qui in tandem con il podestà Tonci Ottieri della Ciaja"; Francesca Cagianelli, Dario Matteoni, *Livorno, la costruzione di un'immagine. Tradizione e modernità nel Novecento*, Silvana Editoriale, Cinisello, 2003, p. 35.

20. *Ivi.*, p. 54.

21. *Nel trigesimo della morte di Costanzo Ciano...* cit., 1939, p. 22.

22. La stessa delibera prevedeva 100,000 lire per la costruzione di una scuola di avvio al lavoro e di una tomba ai martiri fascisti, entrambe intitolate a lui; dal trimestrale "Liburni civitas" 6/39, riportato da Federico Scaroni, *Cronaca e storia di un rimosso cantiere di regime: il mausoleo di Costanzo Ciano a Livorno*, in "Quaderni dell'Istituto di Storia dell'Architettura", Università degli Studi Roma La Sapienza, Dipartimento di Storia dell'Architettura, Restauro e Conservazione dei Beni Culturali, Nuova Serie fascicolo 42, Bonsignori Editore, Roma 2003, p. 95.

23. Tra gli altri a esprimere apprezzamento ci furono il Segretario del Direttorio Nazionale dei Sindacati delle Arti Plastiche e Segretario del Consiglio Superiore delle Belle Arti Cipriano Efisio Oppo e molti politici di primo piano tra cui il segretario del PNF e regista della propaganda di partito Adelchi Serena.

24. Riportato da Caterina Ceccarelli, Alessandro Santarelli, *Monumento a Ciano. Livorno 1939*, Editrice Il Quadrifoglio, Livorno 2008, p. 20.

25. Mazzoni, *Cit.*, 2011, p. 20.

26. *Una visione del monumento che sorgerà al cospetto del Tirreno*, "Il Telegrafo", 27 giugno 1940, riportato da Mazzoni, *Cit.*, 2009, p. 114 nota 3.

27. Di Arturo Dazzi (Carrara 1881 - Pisa 1966), che ebbe numerose commissioni pubbliche, passando senza troppi scossoni attraverso due rovesci di regime, è rimasta una vasta produzione quasi interamente di carattere commemorativo e celebrativo. Tra le molte opere ancora presenti in luoghi pubblici in Italia c'è la stele dedicata a Guglielmo Marconi, commissionata nel 1937 direttamente da Mussolini, in vista della mai realizzata Esposizione Universale di Roma del 1942. L'opera verrà installata all'EUR solo in occasione delle Olimpiadi del 1960, a suggellare la tragica continuità del potere e della cronica inefficienza che ha caratterizzato in molti aspetti la storia nazionale. Cfr. Anna Vittoria Laghi, *Il Primato della Scultura. Il Novecento a Carrara e dintorni*, Maschietto e Musolino, Firenze-Siena 2000; Anna Vittoria Laghi, *Arturo Dazzi. Dipinti e sculture dalla Donazione Dazzi di Forte dei Marmi*, Maschietto Editore, Firenze 2002.

28. Cfr. Scaroni, *Cit.*, 2003, p. 89 e p. 95 note 2 e 3.

29. Sull'apporto di Rapisardi e sulle relazioni con Dazzi cfr. *Ivi*, pp. 93 e ss..

30. Le tavole del *Progetto dei lavori e forniture per il Monumento all'Eroe C. Ciano* sono conservate presso l'Archivio di Stato di Livorno nel fondo *Ufficio del Genio Civile di Livorno*, Atti di repertorio n. 168, perizia n. 2597; Atti di repertorio n. 170, perizie nn. 2682 e 2721.

31. L'architettura raggiunge circa 18 metri d'altezza, la scultura avrebbe dovuto essere alta 12 metri; per una descrizione dettagliata del mausoleo e dei suoi interni, cfr. Scaroni, *Cit.*, 2003, pp. 90 e ss..

32. Riportato da Giorgio Spotti, *La scomparsa di un eroe. Costanzo Ciano di Cortellazzo*, in "Almanacco fascista del Popolo d'Italia", 1940, Milano.

33. Cipriano Efisio Oppo, *La Terza Quadriennale*, in "Le arti. Rassegna bimestrale dell'arte antica e moderna a cura della Direzione Generale delle antichità e belle arti", I n. 3, febbraio-marzo, Le Monnier, Firenze 1938-1939, p. 137.

34. Tre su quattro di queste sculture si trovano oggi sul lungomare di Forte dei Marmi.

35. Stefano Taiss, *Presente! I memoriali del fascismo italiano*, in Gian Piero Piretto (a cura di), *Memorie di pietra. I monumenti delle dittature*, Raffaello Cortina Editore, Milano 2014, pp. 69-91.

36. A Genova, La Spezia (l'unica città in cui il monumento non venne abbattuto dai cittadini o

dai tedeschi in ritirata; si trova, oggi, nei giardini dell'arsenale militare) Marina di Ravenna, Bari "con le opere realizzate rispettivamente da Giovanni Prini, Francesco Messina, Domenico Filippone e Giandomenico de Marchis e infine Celestino Petrone"; cfr. Scaroni, *Cit.*, 2003 p. 89.

37. *Nel trigesimo della morte di Costanzo Ciano… cit.*, 1939, p. 21.

38. Marc Augé, *Le temps en ruines*, Éditions Galilée, Paris 2003 [trad. it. *Rovine e macerie*, Bollati Boringhieri, Torino 2004, p. 93].

39. Ruggero Zangrandi, *Il lungo viaggio attraverso il fascismo. Contributo alla storia di una generazione*, Einaudi, Torino 1948 [ed. cons. Garzanti, Milano 1971, p. 364].

40. Francesco Flora, *Dignità della cultura*, in "Corriere della Sera", 26 agosto 1943, riportato da Zangrandi, *Cit.*, pp. 370 e ss.

41. Giordano Bruno Guerri, *Io parlo bene del Duce*, in "Panorama Mese", V, gennaio 1983.

42. Hannah Arendt, *German Guilt,* in "Jewish Frontier", 12, 1945 [trad. it. *Colpa organizzata e responsabilità universale*, in *Antologia*, Feltrinelli, Milano 2006, p. 42].

43. Gaglianò, *Cit.*, 2014a, p. 48.

44. Negli anni Cinquanta si propose di completarlo come tomba di famiglia e di tumularvi le salme dei Ciano, ma "l'opposizione dei vecchi proprietari dell'area espropriata dal regime e i costi eccessivi della ricostruzione impedirono qualunque iniziativa", Scaroni, *Cit.*, 2003, p. 90.

45. È soprattutto in occasione di fatti di cronaca (come la morte dei due bambini caduti dalla sua sommità, nel 1962) e di costume (i diversi graffiti che compaiono sulla sua superficie) che si torna a parlare del mausoleo o, più spesso, all'interno di prove di forza tra opposte parti politiche.

46. Nel 1985, in seguito a una polemica espressa attraverso manifesti affissi sui muri cittadini (tra chi rimproverava la città di aver dimenticato il benefattore Ciano e chi rispondeva, dimostrando che la memoria antiautoritaria era ancora viva), si sviluppò un dibattito sulla stampa locale. L'artista Pietro Addobbati, che al tempo faceva parte del Gruppo Portofranco (con Andreani, Bisso, Bottari, Mischi, Neri, Saviozzi, Spagnoli, Sullo, Vinciguerra) progettò come sintesi un'azione diretta sul mausoleo per farlo sparire temporaneamente con una telonatura e mettere la città davanti a una nuova forma della partita doppia tra assenza e presenza, memoria e oblio che il monumento in abbandono esprime. L'azione non venne mai compiuta, forse per ragioni tecniche. Più recentemente il blocco di granito con il volto di Ciano è stato al centro di un progetto del collettivo AZ.Namusn.Art, *If Today Was Your Last Day and Tomorrow Was Today*, iniziato nel 2012 e scaturito dalla decisione di Silvio Berlusconi, nel 2009, di trasferire all'Aquila, distrutta pochi mesi prima dal terremoto, l'incontro del G8 previsto in origine alla Maddalena. La testa di Ciano nella cava di granito viene utilizzata come ponte simbolico tra due epoche in cui le scelte di chi governa non tengono conto delle conseguenze per la comunità. L'articolazione del progetto, ancora oggi in corso, prevede un video (in cui la testa di Ciano si trova nel fondo del mare, in un'area usata per lo stoccaggio di rifiuti tossici e scarti derivati dai cantieri per le grandi opere alla Maddalena), un sondaggio popolare sulla collocazione della scultura rispetto al progetto originale e una riproduzione del volto di Ciano, ripreso dal busto come se fosse una sindone (in blu ciano), un sudario da portare in corteo a Livorno e a L'Aquila; cfr. aznamusnart.org.

Totalitarismi...

Le diverse declinazioni della radice del termine, e le sue derivazioni, rivelano la complessità delle relazioni che il monumento (o l'idea di monumento) instaura con la comunità nel cui spazio viene collocato. Nei vari slittamenti semantici che il termine ha assunto passando attraverso gli idiomi, fino alle forme definitive nella maggior parte delle lingue europee parlate oggi[1], è sempre presente il concetto di memoria che, prendendo corpo nello spazio pubblico, con i modi e le epifanie che caratterizzano il posizionamento del monumento, è già un'interpretazione della memoria stessa: che ha il carattere dell'unilateralità, dell'informazione imposta, dell'uniformazione del molteplice in una fisionomia sociale e politica ben riconoscibile. L'oggetto di questa riflessione riguarda quei monumenti che Alois Riegl classificò come "intenzionali", cioè eretti "con lo specifico scopo di conservare sempre presenti e vivi singoli atti o destini umani nella coscienza delle generazioni a venire"[2] (e diversi da quelli assunti come tali dal trascorrere del tempo, dal valore artistico, dall'antichità). Per definire con maggiore chiarezza a cosa si sta pensando quando si usa il termine monumento è utile il caso della lingua tedesca, dove esistono due parole: '*Denkmal*', che ricopre il significato più esteso di documento o testimonianza storica (i monumenti "involontari"), e '*Mahnmal*', traducibile con memoriale, che restringe il concetto verso quella coesistenza già vista in latino e in greco, dove si modellano a vicenda la memoria e il monito[3]. Il monumento celebrativo, visibile in luoghi di pubblico accesso come le piazze e gli edifici del potere, ha i propri modelli formali nella scultura rinascimentale e storicamente è collegato alla costituzione degli stati nazionali nel vecchio continente e delle sovranità regionali in Italia e in gran parte dell'area mitteleuropea. Le nuove dimensioni statuali, non potendo contare più su una legittimazione discesa dal volere divino o dalla forze dell'ascendenza dinastica, avevano bisogno di veicolare l'immagine del principe per confermarla con strumenti che fossero laici e linguisticamente alla portata di chiunque.

Con molta più incidenza rispetto a qualsiasi epoca precedente, alla fine del Medio Evo, nelle città europee si verifica una concentrazione della supremazia delle immagini nello spazio pubblico; il risalto conferito alla superficie visibile, alla sua declinazione narrativa e didascalica, semplifica la compagine sociale, irrigidisce le funzioni e i limiti tra le classi e sottolinea i confini interni ed esterni allo stato[4]. Tutte le città e le architetture ideali rappresentate nell'Italia centrale del XV secolo ripropongono la città celeste[5], sempre di forma radiale e circolare, solo che al disegno di perfezione ultraterrena si è sostituito quello temporale del principe[6]. Il potere civile, ispirato da questi ideali, edifica nuovi insediamenti e ridisegna quelli esistenti seguendo per quanto possibile lo schema a pianta centrale per riaffermare in questa circolarità il proprio nucleo e la pulsione all'ordine e al controllo. Un centro che permane nella sua forma irradiante anche nella maglia scenografica della città barocca e in quella ortogonale che disciplina la pianificazione urbanistica dal XIX secolo in poi, allargando gli assi o allungandoli vertiginosamente, nei boulevard haussmanniani come nelle *avenue* del nuovo mondo, sempre guidati dalla persistenza di un fondamento inamovibile che si diffonde in cerchi concentrici. La circolarità, infatti, garantisce una permanenza della connessione visiva che si irradia dai luoghi capitali del potere verso le aree periferiche. La riconoscibilità del centro (astratto e materiale) e la sua perenne, occhiuta presenza sono i due termini di un continuo scambio tra chi sorveglia e chi viene sorvegliato (sull'assiduità instancabile dello sguardo si basa il modello del panopticon che venne elaborato in pieno Illuminismo da Jeremy Bentham per l'architettura delle prigioni e che è, non a caso, perfettamente circolare)[7].

A complemento dell'affermazione ottica del potere si dispongono nello spazio costruito le effigi dei suoi simboli. La raffigurazione del principe, dritto o in arcione sui basamenti o traslato in volumi sulle facciate e nella morfologia delle architetture, fa parte quindi di una precisa ispirazione che guida la pianificazione della città: è una rappresentazione al tempo stesso simbolica e tangibile dello Stato e del monarca che lo incarna – il quale a sua volta è un elemento sia ideale sia immanente dell'ordine sociale. Il perimetro della città, allegoria e centro dello stato, corrisponde all'area in cui viene esercitato un potere e in cui sono emanate e applicate leggi riferite a una specifica giurisdizione territoriale. Il territorio, in base a quanto riportato nel *Corpus juris civilis* di Giustiniano[8], "è l'estensione che ricade sotto la giurisdizione del magistrato, è definito dall'atto di dire giustizia, di esercitare il potere: il termine dunque non ha niente in comune con la terra, ma discende dalla stessa base di 'terrore' (*terrēre*)"[9]. Il territorio coincide, quindi, con la "pratica del potere, cioè con la produzione della paura", e trova la sua rappresentazione esemplare e baricentrica nell'immagine della città. Nel corso del XIX secolo, il monumento e la città/territorio diventano l'orizzonte di una continua prova di robustezza dell'autorità, di un sforzo protratto che si rivolge tanto all'interno quanto all'esterno dei confini nazionali e prepara la base per la violenza dei totalitarismi del Novecento (rendendoli in qualche modo inevitabili, come necessaria evoluzione del perfezionamento dell'iniquità del potere su numeri sempre maggiori di persone). Il ruolo e la funzione dei progetti architettonici e urbanistici nelle città dei grandi dittatori non si limitano alla "propaganda o alla mera scenografia per la politica [...], ma ne sono parte costitutiva, sia per dare rappresentazione formale al potere sia per plasmare gli spazi e i luoghi della nuova società"[10], nella certezza, reale o indotta, che un nuovo tempo sia realmente iniziato e che abbia bisogno di concretizzarsi in uno smisurato impianto dove la deformazione etica della dittatura trovi giustificazione nell'immenso, grandioso dominio del visibile.

I regimi autarchici (tanto quelli del secolo scorso quanto quelli ancora in essere in alcune parti del pianeta) combinano l'immediata evidenza delle immagini come emanazione di un potere, di volta in volta figurato in astrazioni retoriche o nei lineamenti dei padri della patria e dei loro eroi, con un metodico rimodellamento della realtà, secondo una visione che deve essere diffusa e, alla lettera, propagata. L'arte totalitaria, fondata secondo le stesse prerogative del partito unico, è completamente nelle mani dello stato che "dichiara che l'arte (e la cultura in genere) è un'arma ideologica e un mezzo per la lotta per il potere [...] e istituisce un apparato globale per il controllo e l'orientamento dell'arte"[11]. In questa rappresentazione vengono coinvolti come protagonisti donne e uomini del popolo, che sono sempre anonimi ma non comuni; sono eroici e devoti, lavoratori, contadini e operai, difensori della nazione e della rivoluzione, reduci di guerra, quasi sempre vincitori e quasi mai vinti, non sono mai persone vere ma stilizzano un modello di prestanza fisica, un emblema di totale corrispondenza all'ideale nazionale, ottimismo e fede certissima e inattaccabile nella causa di cui sono vessillo: un uomo collettivo divenuto tutt'uno con la massa che rappresenta ma alla quale sembra non somigliare affatto. Al paradigma corrisponde con esattezza tutta la produzione degli artisti prediletti da Hitler e Mussolini, da Lenin e Stalin, dai loro ministri e dai commissari del popolo, i vari Alfred Rosenberg e Andrej Ždanov.

Lenin fu il primo a schematizzare il potenziale di un'arte di stato che educasse non solo all'identificazione del capo ma soprattutto spingesse i suoi destinatari ad adeguarsi a un ideale di cittadino che, nella sua astrazione, avrebbe fornito uno strumento basilare per il controllo delle masse. Non a caso, nel 1918, firmò "la delibera del Soviet dei commissari del popolo *Sull'erezione di monumenti celebrativi di personaggi insigni al servizio della società e della rivoluzione*, che inaugura la storia ufficiale dell'arte sovietica sotto il titolo di *Piano Lenin per l'arte monumentale*"[12]. Ostacolando in modo diretto o indiretto le ricerche dell'avanguardia, questi regimi promuovono la riproduzione di un mondo fantomatico e celebrativo, condannando l'arte sotto lo schema che secondo Hannah Arendt costituisce la macchina perfetta dello stato totalitario, in cui l'ideologia viene coniugata al terrore attraverso il funzionamento ottuso e infallibile dell'organizzazione[13]. L'immaginario collettivo viene così occupato da schiere di monumenti a leader e generali che costellano le città: "solo nell'ottobre e novembre del 1918 ne vennero inaugurati sette in Leningrado [...]. Nel primo decennio dopo la rivoluzione in tutto il paese vennero erette dozzine, se non centinaia, di questi monumenti"[14], ai quali si affiancava la pedissequa uniformità dell'interminabile serie di quadri celebrativi, degli sguardi a volo d'uccello sulle legioni di giovani guerrieri, atleti e patrioti ritratti in tutto il cinema di propaganda, dall'URSS all'Italia di Mussolini. Tra loro e le masse di cittadini, spesso affamati, deprivati di libertà primarie, ridotti a sudditi senza voce, c'è solo il collegamento dell'enfasi narrativa dei regimi, la pressione persuasiva a somigliare il più possibile ai modelli, a normalizzarsi - e l'accezione di 'normale', intesa come corrispondente alla norma, alla misura, non può essere più lontana di così dal concetto di 'comune'. Contestualmente, questa insistenza martellante nella costruzione dei modelli indica in chi è più vistosamente difforme, nell'aspetto e nel pensiero, il sospetto, il pericolo evidente, l'agente del nemico esterno, unico colpevole delle mancanze nella completa felicità ed efficienza del regime.

Il monumento, quindi, istruisce: impartisce precetti, definisce canoni che concernono comportamenti collettivi e individuali, che regolano i meccanismi di inclusione o di emarginazione, tutto secondo la misura fornita dal disegno del potere. E molto raramente, o potremmo dire quasi mai, esprime in modo diretto lo spirito di una comunità, la cultura dei gruppi sociali. La Storia, assieme all'autenticità delle comunità, trova scarsa cittadinanza sui piedistalli. I monumenti, infatti, "accentuano una narrazione del passato a spese di altre, o semplicemente rendono il 'passato' passato"[15]. Ugualmente, anche il tempo presente e l'illustrazione del futuro vengono riferiti secondo una prospettiva sempre funzionale all'auto-rappresentazione del regime stesso. Le dittature e i totalitarismi europei del Novecento hanno ripristinato genealogie e mitografie, saltando secoli di sedimentazione, di attraversamenti e di contaminazioni, e hanno inventato dal niente miti fondativi edificando collegamenti forzati con patrimoni culturali frammentari (il mondo classico, l'ascendenza ariana) improvvisamente saldati al presente[16].

La distanza tra la realtà e la sua rappresentazione nei regimi totalitari ha un caso esemplare nella partecipazione dell'Unione Sovietica e della Germania di Hitler all'Esposizione Universale di Parigi del 1937. Perdurante ancora una pace formale tra le nazioni europee (a esclusione del conflitto tra franchisti e repubblicani in Spagna), le due potenze si scontrano in una vera e propria guerra culturale sul piano simbolico delle architetture dei rispettivi padiglioni, eretti per l'occasione, l'uno di fronte all'altro ai piedi della torre Eiffel. Il progetto di quello nazista è affidato a Albert Speer che disegna un volume appena articolato da riferimenti superficiali all'architettura classica, con enormi pilastri che ne percorrono l'intera altezza lungo tre facciate. L'edificio è sovrastato dalla scultura di un'enorme aquila imperiale tedesca che stringe tra gli artigli una ghirlanda in cui è inscritta una svastica. Ai piedi dell'edificio viene collocato *Cameratismo*, un gruppo scultoreo di Josef Thorak formato da due titaniche figure maschili che si tengono per mano.

Esattamente di fronte si trova il padiglione sovietico progettato dall'architetto Boris Michajlovič Iofan, quasi antitetico morfologicamente. Un edificio aerodinamico con una serie di volumi orizzontali che costituisce il basamento per la colossale scultura in alluminio di Vera Mukhina: i due enormi corpi de *L'operaio e la kolkhoziana*, sintesi e ossequio del progresso, del lavoro, dell'economia sovietica, si protendono idealmente verso il futuro impugnando falce e martello levati al cielo (o, più bellicosamente, contro la torre del padiglione nazista, la cui altezza venne aumentata da Speer, come confessò egli stesso, per opporsi metaforicamente all'avanzata del comunismo)[17]. Le due figure appaiono retoriche e disumane quanto l'aquila nazista; in osservanza alla prassi di "identificazione con il corpo del leader, con il partito e con lo stato, [...] non erano affatto realistiche: erano modelli allegorici del cameratismo e dell'eguaglianza nel lavoro sotto il comunismo"[18]. Ugualmente astratti nel loro pedissequo realismo anatomico, i corpi delle figure scolpite da Thorak a decorazione dell'architettura di Speer cristallizzano un modello maschile esasperato, opposto a un'idea del femminile, come se questo potesse sintetizzare un'alterità "da aggredire, un *altro* rappresentato altrimenti da ebrei, bolscevichi, omosessuali, zingari"[19].

Entrambi i padiglioni, e le opere che li completano, pur così divergenti per l'epos cui alludono e per le soluzioni formali alle quali si ispirano, hanno lo stesso obiettivo: dimostrare all'universo riunito a Parigi la propria forza, la capacità tecnica, il genio degli autori che si fanno interpreti dell'ideologia. Assegnando alle due nazioni posizioni di rilievo, così vicine fra loro, probabilmente gli organizzatori speravano di evidenziare le differenze tra i regimi, ma quello che ne emerge è invece una cupa continuità, un'angosciante sopraffazione che nasce dall'idea totalitaria, visibile negli esiti conservatori nonostante entrambi i padiglioni si proclamassero baluardi del futuro. Il confronto che teatralmente si svolge sull'esplanade finisce per mettere in mostra la somiglianza tra i regimi liberticidi e rivela una sorta di paradigma di un'arte dispotica senza colore politico, retorica e disumana, le cui manifestazioni appaiono a tratti intercambiabili. I critici dell'epoca, infatti, richiamando "l'attenzione sulle caratteristiche comuni di brutalità, pretenziosità e pomposità, definivano neoclassico lo stile dei due padiglioni"[20]. Il fatto che a tutti e due i padiglioni sia stata assegnata la medaglia d'oro da parte di una giuria internazionale appare oggi una sinistra anticipazione dell'incapacità degli altri stati di costruire una risposta culturale e politica al totalitarismo che nel giro di pochi anni avrebbe devastato l'Europa[21].

In queste sontuose messe in scena, alla massa vengono assegnati i ruoli di spettatore e comparsa per esprimere l'esclusiva virtù della quantità numerica nelle grandi rappresentazioni del potere: una puntinatura di volti eccitati in piazze stracolme, quinte che scorrono sui due lati di una strada che accoglie marce trionfali, soldati ordinati, contadini e operai isometricamente disposti in formazioni che con la propria ortogonalità testimoniano la solidità e l'efficienza del regime. Le produzioni cinematografiche e fotografiche di cui si servono i regimi a partire dagli anni Trenta, tutti animati da ispirata fiducia nelle tecnologie di riproduzione, incorniciano una partecipazione al consenso compatta, costruita da una moltitudine che non è molteplicità, ma che per oscuri percorsi consola i singoli nutrendo l'autocompiacimento di chi ne fa parte, o viene condotto a credere di farne parte. Scrive Walter Benjamin che "nei grandi cortei, nelle adunate oceaniche, nelle manifestazioni di massa di genere sportivo e nella guerra, tutte cose che oggi vengono registrate dagli apparecchi di ripresa, la massa vede in volto se stessa"[22], ma è un ritratto completamente impersonale che riesce a funzionare solo fino al momento in cui si mantiene distante dalla complessità di cui la massa è composta. Nell'epoca della riproducibilità tecnica, il rapporto tra le comunità e la formalizzazione è identico a quello che si compie nel bronzo e nella pietra dei monumenti tradizionali: non prevede una condivisione ma richiede un'adesione acritica, non punta a sollecitare opinioni ma a uniformarle per il consenso; "alla violenza esercitata sulle masse, che vengono schiacciate nel culto di un duce, corrisponde la violenza da parte di un'apparecchiatura, di cui esso si serve per la produzione di valori cultuali"[23].

... e resistenze

La centralità della visibilità, nella maglia delle aspirazioni egemoniche in cui prendono posto i monumenti, intreccia un rapporto ambiguo con l'idea di tempo:

il monumento si rivolge, come si è detto, al passato e al futuro, rappresentando qualcosa che non esiste più o che non è mai esistito, mentre dichiara la presenza di poteri proiettati in un tempo di là da venire, già orientato e occupato. Ma, soprattutto, mette in evidenza la volontà di controllo sul presente, la compressione di un tempo che viene disarticolato rispetto al passato, abraso e riscritto, e al futuro già assoggettato a una strategia di dominio. Quanto più un sistema è autoritario tanto più forti saranno le tensioni attorno al governo del tempo e, nei paradossi in cui si avviluppa, ogni regime (totalitario o no) che dichiara di guardare al futuro finisce per volgersi inevitabilmente al passato, con un conservatorismo che domina le arti, la cultura, la percezione della storia. Una fase costitutiva delle rivoluzioni che hanno instaurato nuovi regimi risiede nella revisione dei calendari intesi quali "monumenti di una coscienza storica"[24]. Attorno ai cambiamenti violenti, alla rottura con l'amministrazione imposta da classi sociali o autorità considerate ingiuste e decadenti, si verifica la rifondazione della storia: l'adozione di nomi reinventati per i giorni e i mesi che lo misurano annuncia l'invenzione di un nuovo tempo, equo e florido, che si sostituisce a quello del regime abbattuto. La retorica del tempo nuovo, dell'esistenza radiosa in preparazione o già in essere, è pari a quella fiorita attorno all'uomo nuovo: forgiato dalla grande idea e dalla propaganda, pronto ad abitare il mondo senza affanni in questo tempo di utopie avverate. Viene così ritenuto necessario rimuovere dalla memoria i nomi con cui il tempo viene chiamato, anche per cancellare il riferimento mentale e immaginifico con un altro possibile corso delle cose, con un'altra narrazione del passato o con un futuro concepibile al di fuori dell'ordine instaurato dalla rivoluzione. A rifondare il tempo, cambiandone il nome, "ci provarono in Francia nel 1793, cercando in un calendario inedito il punto di partenza per una rinnovata origine, ridistribuendo il tempo del lavoro e della vita sociale secondo un sistema che non fosse condizionato dalle esigenze di un regime definitivamente dato come antico. Oltre un secolo dopo ci riprovarono in Unione Sovietica, dando seguito al proposito di estirpare le consuetudini religiose con l'eliminazione delle festività popolari. E in Italia Mussolini instaurò l'era fascista, contando gli anni a partire dalla data della Marcia su Roma, il 28 ottobre 1922"[25]. Ai calendari, come ai monumenti tradizionali, viene riconosciuta la capacità di reindirizzare la cultura delle comunità, e il semplice gesto che viene messo in scena rinominandoli rivela un'appropriazione, ai danni della memoria collettiva ma diretta su ogni singola coscienza.

L'oggettivazione del tempo, la sua semplificazione in parole, cifre, tecnologie che assumono come incontrovertibile la convenzione che sia misurabile, portano il tempo stesso su un piano di contrattabilità: il tempo può essere scambiato, venduto, messo sotto la sorveglianza di chi lo ha comprato in ore di servizio e disponibilità incondizionata. Una partizione che nel dominio del capitalismo industriale controllava direttamente il tempo della fabbrica e oggi, nella frammentazione della continuità temporale e della suddivisione del lavoro, tipica del capitalismo post-fordista, agisce indirettamente sul tempo della vita intera. Il passaggio della metà del secolo scorso ha segnato l'avvio di una trasformazione della dualità tra tempo e lavoro, e di quella tra lavoro e vita. Una sinistra previsione di questa involuzione si trova, nel 1927, nelle scene del più celebre film di Fritz Lang. Sopra al gigantesco orologio di dieci ore che troneggia al centro di *Metropolis*, tra gli ingranaggi delle macchine, per regolare il tempo della fabbrica, c'è un quadrante più piccolo, di 24 ore, che contiene l'intero tempo degli uomini che abitano la città[26]. Oggi all'orologio unico si è sostituita la moltiplicazione degli orologi, come i seicento apparecchi digitali, regolati meccanicamente sulla stessa ora, con cui Darren Almond ha ricoperto una parete in *Tide* (opera del 2008), o come gli ineffabili *Perfect Time* (2012), installazione di orologi a tessere con le cifre sconnesse, in cui l'artista britannico esprime lo smarrimento di un tempo interiore. Questa incapacità di collegamento con l'oggettività imposta dal presente è sensibile soprattutto al cospetto di quelle dilatazioni, disorientanti ed elastiche, che Darren Almond mette in scena quando fa viaggiare attraverso l'Atlantico un enorme orologio che buca i fusi, continuando a indicare l'orario di Greenwich (*Mean Time*, 2000), e quando isola il tempo nella contemplazione degli eoni cui guardano i megaliti di Orkney, in Scozia (nella serie di fotografie *Present Form*). Il tempo può tornare a essere privato, con una sua scansione insofferente dell'ingerenza esterna, un tempo personale.

La memoria individuale costituisce una forma di resistenza all'abuso del potere, un baluardo ancora più importante nella fase storica attuale in cui si assiste alla capillarizzazione del controllo sulle costruzioni di immaginari personali. La memoria individuale impone, infatti, un esercizio di continua connessione con il presente, un ricentramento che mette in moto funzioni creative e chiama in causa l'azione responsabile dell'individuo nella società, la realizza in un rapporto reciproco di conferimento della forma, opponendosi all'infiltrazione demagogica nella visione collettiva. La memoria deve venire alimentata con processi immaginativi per proporre un tempo diverso, per essere in grado di ostacolare una deformazione del tempo coercitiva dove la storia è continuamente sovrascritta e il futuro impraticabile. La ricerca di Eyal Sivan, teorico e regista israeliano, si concentra sulla memoria "di massa" coltivata subito dopo la creazione dello stato di Israele come giustificazione per la sopraffazione che il popolo ebraico, vittima nei secoli, esercitava e avrebbe esercitato nel conflitto con i palestinesi. Nel suo film del 1990, *Izkor. Slaves of Memory*, girato nelle scuole di Israele, Sivan registra il culto della commemorazione e del cordoglio teso alla divisione del mondo in due (le vittime di sempre e tutti gli altri), una formazione che ottunde la capacità critica individuale e impermeabilizza la coscienza dei futuri soldati addestrati per perpetuare identiche ingiustizie su donne e uomini diversi. Il punto di criticità messo in evidenza da Sivan si riassume nella testimonianza del filosofo Yeshayahu Leibowitz, pensatore di riferimento per i militari israeliani obiettori di coscienza nelle zone occupate: "Ci siamo permessi di uccidere rifugiati nei campi profughi perché questo era accaduto anche a noi"[27]. *Izkor*, che vuol dire 'ricorda', si trasforma in un imperativo della memoria ufficiale, senza intelligenza dell'opinione, senza comprensione empatica della storia.

Se la memoria viene esercitata come attitudine consapevole e creativa coincide con la resistenza, almeno quanto quest'ultima coincide con l'immaginazione. Si racconta che la scrittrice ceca Milena Jesenská (la corrispondente delle lettere di Kafka), detenuta nel campo di concentramento di Ravensbrück, si ostinasse a mantenere abitudini legate alla sua vita precedente. Piccoli gesti senza conseguenza che la tenevano ancorata a un'idea umana di sé: portare il cappello sulle ventitré o sfidare le regole del lager attraversandolo per portare una tazza di caffè a un'amica: "la concretezza del gesto, se si vuole inutile, era un segnale, un'interruzione della spirale dell'ordine, dell'obbedienza e della paura"[28], ed era un atto estremo di resistenza, agito grazie alla memoria personale e all'immaginazione. Milena Jesenská a Ravensbrück rivendica un'immagine, e compie una narrazione, dissonante dall'appiattimento in cui vengono relegate le vittime: il suo comportamento è interiore e silenzioso ma si amplifica fino a contrastare sul piano morale la desolazione di un intero progetto di sterminio. Frantumando la narrazione del potere la sua resistenza fortifica sia la salvezza individuale sia il contrasto condiviso alla dissipazione che i suoi assassini fanno dei diritti universali[29]. La componente immaginifica della qualità morale è anche la base di quell'empatia che secondo il pensiero di Pëtr Kropotkin fonda la solidarietà umana e sociale[30].

Secondo una contraddizione soltanto apparente, la memoria (nella sua dimensione dinamica che combacia con l'immaginazione) esige un vuoto di immagini per posizionare la propria resistenza, per dare spazio alla propria forza creativa, in modo attivo e consapevole del tempo che attraversa, dal quale trae forma, verso il quale aspira a realizzare la propria continuità. Questo spiega perché il potere ha sempre temuto il vuoto rifuggendone, come ricorda Michel Foucault. La ripetizione monotematica dell'estetica di regime, nel suo lavoro di annientamento della memoria creativa, è stata superata solo dalla società dello spettacolo che realizza "il senso della pratica totale di una formazione economico-sociale, il suo impiego del tempo. È il momento storico che ci contiene"[31]. Un utilizzo che si solidifica nella frammentazione dell'individuo e depreda la memoria biologica fiaccandola con gli stessi strumenti tecnologici dispiegati per il suo sostegno (o impiegati per la sua sostituzione), abolendo nella marea interminabile dell'accumulo ogni visione prospettica, ogni gerarchia privata dei valori intimi e delle relazioni. Cosa c'è in comune tra la virtù creativa della memoria e la devozione per la memoria che caratterizza l'era digitale? Niente. La pulsione maniacale a immagazzinare ricordi così diffusa, così insistita, consiste solo nella perpetua registrazione di un presente minuto, individualista e non individuale, dove il passato non ha la vocazione a diventare storia. L'atto della reminiscenza è stato impoverito di vigore intellettuale, essendo il ricordo sempre disponibile, appiattito dall'accessibilità che annulla il percorso mentale per ricomporlo. Nello strascico ormai esangue dell'estrema postmodernità, la rievocazione dal passato non ha quasi più un'ispirazione morale e quasi mai un valore affettivo: è collazione senza il principio intelligente dell'archiviazione (inteso come "atto a comprendere"), è accumulazione per lo più imitativa e molto spesso insensata. Mentre si acclama la sconfinata capacità che l'evoluzione tecnologica ha perfezionato di acquisire e conservare documentazioni, storie, immagini, diventa sempre più critico il valore specifico di queste memorie, nella loro qualità di testimonianza, da un lato, e di alimento per una crescita collettiva, dall'altro. I feticci delle storie personali si stratificano, uno dietro l'altro, in minuscole agiografie private che non entrano in contatto con una condizione più organica e autenticamente condivisa e, riportando l'incipit della *Società dello Spettacolo*, "tutto quello che era direttamente vissuto si è allontanato in una rappresentazione". Tutto è visibile e vivibile in quanto tale, assecondando una visualizzazione che semplifica all'estremo, disseziona e unifica il significato di quello che appare: una condivisione compulsiva che si compie in termini di una certificazione svogliata dell'esistenza, con immateriali bandierine piantate su altrettanto immateriali planisferi (con inquadrature, posture e gestualità che ormai seguono una coreografia globale nell'imitazione ripetitiva di stereotipi). E tutto questo non incide sulla maturazione individuale né, tanto meno, riesce a costruire un sentimento reale di appartenenza a una cerchia, a uno schieramento ideologico o politico, a una causa, a una geografia fisica, sociale e culturale. Contestualmente, l'accanimento nella partecipazione digitale, nella condivisione di contenuti, nell'espressione di preferenze interpretate come manifestazione di soggettività è il riflesso, il prodotto e il motore di una finanziarizzazione del mondo che si sviluppa intrinsecamente al capitalismo cognitivo in un mostruoso rapporto uno a uno[32].

La volatilità della memoria storica, nella sovrascrittura del presente da parte delle forze dominanti nella società contemporanea, ha portato a una scarnificazione della struttura sociale. Lo Stato, nella sua forma deteriore, impersonale e proterva, è una macchina autoreferenziale che come in tempi monarchici e sotto i totalitarismi prospera sulla divisione sociale e sulla frammentazione di possibili opposizioni. La polpa, invece, la sostanza che costituisce il senso di una società, basata sulla partecipazione all'interesse comune, sulla solidarietà, sull'intelligenza relazionale, sembra completamente evaporata. La maggior parte delle variabili che animano le scelte individuali si dispongono all'interno di uno schema prevedibile di comportamenti, tutti misurabili in termini di partecipazione al dettato consumista, tutti interni al codice binario della domanda e della risposta già inserite in un quadro organizzato e "neutralizzati da una procedura continua d'interrogazioni dirette, di verdetti e di ultimatum da verificare", dove la libertà si costringe nella replica a "stimoli ai quali non vi è risposta se non istantanea mediante dei sì e dei no"[33].

Lo scenario in cui si svolge questa finzione posa sulla riconciliazione delle grandi antinomie che hanno caratterizzato un secolo e mezzo di storia e di evoluzione del pensiero politico; tutto questo ha portato a una supremazia degli interessi economici che si esplicita in un "controllo integrale su ciò che è possibile, sul virtuale e le nuove forme di vita che esso esprime: è, cioè, governo assoluto del tempo"[34]. L'immagine che descrive questa relazione, in quello che secondo Foucault è il passaggio dalla società disciplinare a quella autenticamente definita come la società del controllo, è l'*open space*: un rapporto di equilibri all'apparenza egualitario ma di fatto più pervasivo in cui il capitalismo riposiziona le proprie azioni dirette non più sull'imposizione coercitiva ma sul controllo dei comportamenti, della creatività, della libera scelta[35]. Il governo dello spazio nella società del controllo è reso possibile proprio grazie all'esasperazione della superficie visibile, sia essa tangibile o meno, effettuata contestualmente da infinite, e spesso insospettabili, direzioni. Un primo polo di tensioni vede l'azione del potere (in una caotica e criminale concatenazione tra ordine politico e finanziario, che incarna l'ultima atroce mega-macchina mumfordiana)[36] procedere in modo sistematico alla corruzione dell'immaginario collettivo, soggiogandolo con una pressione mediatica che non ha precedenti per la continuità con cui viene agita e per la capacità di impregnare ogni sfera del quotidiano. Molto semplicemente, ogni volta che un soggetto dotato di autorevolezza (governanti, guru e pubblicitari) appare per pronunciare una nuova verità cade ogni valutazione su quanto dichiarato in precedenza, le contraddizioni e i conflitti sulla coerenza vengono sciolti dalla fede ottusa in quello che si vede nel momento presente. Esattamente come accadeva per lo stato totalitario, anche la democrazia digitalizzata "controlla il pensiero ma non intende consolidarlo. Crea dogmi indiscutibili, cambiandoli un giorno dopo l'altro", come dichiarò George Orwell in una trasmissione della BBC il 19 giugno 1941. La disinvoltura irresponsabile con cui la cronaca recente e la storia vengono sovrascritte non trova nessuna capacità di opposizione a contrastarla. Un altro polo (da una direzione opposta a quella del potere ma solo secondo una figurazione geometrica) riguarda i cittadini che premono, con un automatismo ogni giorno più passivo, per conformarsi agli schemi di comportamento indicati dal regime dell'immagine: con stupefacente determinazione, come se non vi fosse un'altra possibilità, e con la convinzione di muoversi nello spazio di una libertà di scelta che è solo una patacca. Con questa massificazione (che quanto più si avvicina all'area del potere tanto più diventa servile) le persone sottomettono volontariamente il proprio tempo al tempo del consumo. Il potere, per dirlo ancora con Negri e Hardt, "si esercita con le macchine che colonizzano direttamente i cervelli (nei sistemi informatici, nelle reti di comunicazione, ecc.) e i corpi (nei sistemi del Welfare, nel monitoraggio delle attività ecc.)"[37], in modo che l'adozione di comportamenti capaci di determinare inclusione o esclusione sociale sia del tutto interiorizzata dai soggetti stessi.

La fissazione contemporanea per la memoria discende solo dalla volontà strategica di controllo sul passato, e costituisce uno strumento indispensabile per esercitare pressione sulle cose del presente. I metodi si sono evoluti ma gli effetti non sono così distanti da quelli che hanno garantito il consenso sotto le dittature e sotto i totalitarismi: oggi "l'operazione di copertura mediatica coincide con quell'operazione originaria di mnemotecnica attraverso cui si genera l'assoggettamento sociale" e, in tal modo, scrive ancora Marco Scotini, il potere oltre a rappresentare esaustivamente se stesso, continua a stabilire "quali sono i comportamenti da tenere, quanto deve durare un evento e quali soggettività hanno il diritto all'esistenza"[38].

Non è casuale che il lavoro di molti artisti sia refrattario alla registrazione e soprattutto sfuggente rispetto alla veicolazione mediatica. Sebbene la prima diffusione della tecnologia video abbia spesso permesso le uniche testimonianze di azioni svolte nel chiuso degli studi o in piccole gallerie alla presenza di pochi spettatori, tutta la prima fase della Performance Art, a cavallo tra gli anni Sessanta e gli anni Settanta, ha guardato con sospetto alla documentazione, alla mediatizzazione a ogni costo. Ci sono artisti che hanno sfruttato il video per evidenziare i paradossi e le incrinature che poteva produrre sulla percezione della vita (come Vito Acconci e, soprattutto, Bruce Nauman), e quando si sono spinti nello spazio urbano o in altri luoghi hanno preferito sempre le infinite possibilità dell'interferenza, del finale aperto, dell'interpretazione anche deformante di cui veniva lasciata facoltà al pubblico, fuori dall'inquadramento che un set di ripresa poteva creare. Su entrambe le sponde dell'Atlantico, autori come VALIE EXPORT o Günter Brus o Adrian Piper tra i primi, pur dichiarando l'appartenenza delle loro azioni a un piano di contrasto rispetto a quello convenzionale, non hanno mai scelto di incorniciare i propri interventi in una specie di prolungamento dello spazio legittimo del museo o della galleria; hanno agito, anzi, in un'espressa contestazione delle istituzioni, come appena pochi anni più tardi avrebbero fatto molte delle artiste legate al femminismo negli Stati Uniti (tra le altre Judy Chicago, Carolee Schneemann, Suzanne Lacy, Yayoi Kusama). Similmente a quanto avviene ancora oggi per gli attivisti e per i promotori di proteste sociali su scala locale e globale, che pure avvertono l'importanza di dare risonanza alle proprie manifestazioni, l'apparato mediatico è sempre stato considerato un nodo fondamentale degli edifici del potere, immateriale e oppressivo, capace di snaturare il significato dei processi, rendendoli notizie o spettacolo o, peggio, riducendoli a frammenti della narrazione dominante. È esemplare di questa resistenza il caso di Gino De Dominicis che ha quasi sempre rigettato la pulsione documentaria del sistema dell'arte. Pur utilizzando in alcuni suoi progetti la fotografia, l'artista ha sempre chiarito la distinzione tra la scelta di un linguaggio adatto per una certa opera e la sottomissione alla reinterpretazione da parte di altri autori; il suo è stato un rifiuto non solo ideologico, ma anche poetico, una celebrazione della presenza assoluta dell'opera, "oggetto vivente perfetto", secondo un rigore che ha contraddistinto con coerenza tutta la sua esistenza, fino alla fine.

La striscia azzurra e altri margini

Tutte le manifestazioni di questa ramificazione del controllo, degli automatismi di massa nella sottomissione al canone, prendono sempre forma nel dominio del visibile. I monumenti nella loro consistenza tradizionale (così come le forme incorporee che ne hanno via via preso la funzione) riguardano sempre lo spazio: quello tangibile, architettonico e urbano in cui si manifestano, e lo spazio immateriale, composto da una condizione relazionale, da un incontrollabile atlante di immagini in cui si deposita la comprensione dei monumenti stessi. In entrambi i casi si tratta di uno spazio pubblico: nella sua accezione fisica, dove il monumento dichiara il proprio senso nel continuo presente del suo accadere attraverso i giorni, in ogni istante per sempre; e nella declinazione virtuale, dove influenza in modo diretto l'estensione intellettuale della costruzione del pensiero, delle parole, delle figure che sono terminali e strumenti della comunicazione. In qualsiasi momento appaia, e qualunque forma assuma, il monumento si sovrappone alla preesistenza sociale, interferisce con la visione che la comunità ha di se stessa e impone un nuovo elemento visivo capace di emettere informazioni. La sua presenza modifica per sempre la percezione del luogo e l'uso che i cittadini ne fanno. Ogni avvenimento che accade nello spazio è conoscibile attraverso i sensi e, specialmente nelle strategie di subordinazione e di colonizzazione dell'immaginario, deve essere soprattutto visibile. Attraverso la manipolazione dello spazio, dalle mastodontiche sculture egiziane ai cicli di affreschi del medioevo, il lascito di matrice europea e mediterranea ha prodotto una cultura completamente condizionata dall'ossessione del visibile che ha condotto a una deformazione plastica del pensiero.

Iosif Brodskij nella ricostruzione della sua giovinezza, coincidente con uno dei periodi più aspri della storia sovietica, in quella che allora si chiamava Leningrado, descrive la esasperante e onnipresente "striscia azzurra orizzontale all'altezza degli occhi, tracciata infallibilmente attraverso tutto il Paese come la linea di un infinito denominatore comune: in sale, ospedali, fabbriche, prigioni, corridoi di appartamenti comuni. [...] Era troppo astratta per avere qualsiasi significato[39]. Dal pavimento fino all'altezza degli occhi una parete dipinta in grigio topo o in verdolino e delimitata in alto da questa striscia azzurra, sopra la quale cominciava il bianco virginale dello stucco. Nessuno ha mai domandato cosa ci stesse a fare. Nessuno avrebbe saputo rispondere"[40]. Astrazione della perpetuità dello stato autoritario, la striscia azzurra si fa segno tangibile della sua infallibile presenza come canone della vita di ogni cittadino: l'educazione, il lavoro, il servizio pubblico, ogni cosa avviene dentro la misura di (e grazie a) un potere paternalistico capace di ordinare con inimitabile lungimiranza la varietà dei bisogni dei suoi figli. La striscia azzurra di Brodskij corre ancora oggi a fianco delle vite della maggior parte di noi; ma mentre quella dipinta sulle pareti di moltissimi edifici pubblici (dove garantisce l'indubbio vantaggio di essere più facilmente lavabile) viene ormai ignorata, la sua moltiplicazione immateriale si manifesta in una sorprendente quanto allarmante abilità proteiforme, godendo della facoltà di essere cangiante, di potersi presentare a diverse altezze e con diversi colori e spessori, lasciando immaginare che le sue variazioni siano una risposta quanto più possibile personalizzata alla richiesta dei singoli. Il più lugubre dispositivo di silenziamento delle masse viene dispiegato nell'impero del neo-liberismo, del vorticoso ciclo di produzione e consumo, e si manifesta nella rivendicata libertà di acquisto di beni: un esercizio della libertà che però viene compiuto esclusivamente all'interno di quei confini del desiderio indotto, del meccanismo delle più aggressive regole del marketing. In tal senso la società del capitale ha compiuto quanto presagito da Benjamin quando scriveva che "il fascismo vede la propria salvezza nel consentire alle masse di esprimersi (non di veder riconosciuti i propri diritti). Le masse hanno diritto a un cambiamento dei rapporti di proprietà; il fascismo cerca di fornire loro una espressione nella conservazione delle stesse"[41].

La striscia azzurra è oggi visibilissima, è il paradigma del visibile, e l'ossessione che lo sia è più forte che mai, tanto per chi ordina che venga tracciata lungo tutte le sfere della composizione sociale, tanto per i suoi destinatari, che della striscia azzurra hanno bisogno per essere perfettamente sicuri di stare all'interno e non all'esterno del sistema che conferisce loro diritto di cittadinanza (a esclusione, e ai danni, di chi non lo possiede). È come se la striscia azzurra del potere segnasse il confine, inconfondibile nello stile di vita imposto dal capitale, tra chi rientra nel mondo globale, in forza della propria determinazione a farne parte, e chi no, ponendosi all'esterno, in una dimensione che, non trovandosi nella rete dell'interconnessione, è locale per opposizione al globale[42]. Il paradosso di questa polarità è nella corrispondenza di ogni punto della rete globale alla sottomissione al controllo. Questo servaggio volontario nella dialettica della separazione tra chi detiene il potere esercitandolo e chi ne subisce l'esercizio, costruisce i parametri per la definizione di una marginalità[43].

Grazie a una condizione data come necessaria, interna a questa divaricazione tra padrone e sudditi/servi, "il tiranno opprime i suoi sudditi gli uni per mezzo degli altri", come scriveva Étienne de La Boétie in pieno Cinquecento[44]. Pensatore originalissimo e anarchico ante litteram, de La Boétie pensava a un *malencontre*, un oscuro momento della storia sociale che ha snaturato l'uomo, "l'unico ad essere nato propriamente per vivere libero, al punto di fargli perdere la memoria del suo primo stato". Ebbene questo *malencontre*, che ha asservito gli uomini, mettendoli "a testa bassa sotto un giogo vergognoso, non con la forza, ma come affascinati e quasi stregati dal solo nome di un altro uomo", si ripete da secoli, riproducendo senza ragione una servitù abietta proprio perché volontaria. La mancata adesione al disegno di uniformità circoscrive uno spazio rischioso da praticare, un luogo dello scarto, evidente, facilissimo per segnare la differenza tra chi si adegua e chi no, il cui profilo è pericoloso per chi domina, ma ancora di più per la coscienza di chi è, volontariamente, dominato. Questo dominio si espleta attraverso l'imposizione di comportamenti, del possesso di beni (non necessariamente tangibili ma sempre visibili), perpetuando una supremazia della normalizzazione, smaterializzata, frammentata e replicata, veicolata su diversi mezzi e attraverso diversi canali della sensorialità. Intanto, ai margini, e nei buchi lasciati dalla coltre del globale nel suo stendersi sul pianeta intero, si articola la resistenza e si generano narrazioni non contraffatte dal condizionamento del potere. La resistenza e la sua fedele simmetria nell'ambito del visibile, l'immaginazione, si manifestano dove la stretta egemonica si allenta, e prima che abbia inizio il controllo di un altro sistema (rivale o, più spesso, coordinato con il primo). David Graeber definisce "*spaces of cultural improvisation*"[45] le condizioni che si creano in queste sacche di inefficienza della rete globale: spazi esterni, pronti ad accogliere elaborazioni culturali in contravvenzione al potere stesso. Pur recependo la critica diffusa alla "falsa dicotomia tra il globale e il locale", interpretandola come antidoto al "primordialismo che cristallizza e mitizza le relazioni sociali e le identità"[46], è basilare affermare l'efficacia di un'opposizione propulsiva di pensiero e immaginari autenticamente originali, che agisce senza creare separatezza e non è soggiogata da logiche di produzione. L'esistenza, sperimentale, temporanea, instabile, di questi spazi crepa l'idea convenzionale che quella dettata dal capitalismo sia l'unica forma possibile di società civile. Il sistema modella il proprio consenso attraverso campagne mediatiche che sviliscono e criminalizzano tutte le istanze del dissenso (su scala italiana si ricordi il NoTav, su quella internazionale l'infame ostruzionismo di tutti i media nei confronti del movimento Occupy), mentre giustifica nel nome dello sviluppo a brevissimo termine e della presunta sicurezza ogni tipo di abuso sull'ambiente e di sopruso sui gruppi sociali deboli e minoritari. La consegna è il neoliberismo (la più recente e mostruosa evoluzione del capitalismo nel polimorfico Impero), dove la libertà per i cittadini è limitata alla scelta di un brand o di un canale satellitare, ma non riguarda la determinazione della propria vita né sviluppa sentimenti di responsabilità verso i propri simili o verso le comunità. È in corso una campagna interminabile contro "l'immaginazione, il desiderio, la liberazione individuale", percepiti come motori e vettori della possibilità di soluzioni diverse da quelle impiantate sull'egoismo istituzionalizzato, e banditi o domati attraverso "l'imposizione di un costrutto di disperazione creato appositamente per annientare l'idea di un possibile futuro alternativo" all'obiettivo primario della produttività economica[47].

Su questa linea di frizione, sul margine continuamente conteso tra reificazione e autonomia di espressione, agiscono gli artisti, consapevoli di intrattenere un rapporto di tensione con il potere e ben consci di quanto alto sia il rischio che il potere strumentalizzi le loro opere o le includa senza scampo nel dominio del globale. L'arte corre in una dimensione trasversale attraverso il passaggio della striscia azzurra, e adotta linguaggi, processi e formati capaci di dare vita a un prezioso tipo di "terzo paesaggio" clementiano[48], dove senza giudizi morali si compiono trasformazioni che possono neutralizzare le architetture del potere. L'arte, infatti, non è duale rispetto al potere, non lavora sulla frontalità, ma agisce con facoltà di rielaborazione e di sfondamento della realtà, in un continuo bilanciamento tra estetica e politica. In alcuni casi essa utilizza le dinamiche dell'attivismo e dell'insorgenza sociale, con i cui gruppi talvolta collabora, e ne condivide argomenti e idee. L'arte nasce da un analogo senso di allarme, ma quasi sempre sceglie una sintesi che va oltre (o rimane al di qua) la dichiarazione metodica e articolata usata dalla dissidenza e dai metodi d'assalto o di intervento diretto utilizzati dagli attivisti[49]. La presenza in prima linea degli artisti si sviluppa lungo una genealogia che ha i suoi padri nobili nei protagonisti del situazionismo e che si dispiega eminentemente nello spazio pubblico, dalle già citate azioni scaturite nel clima di generale mobilitazione antibellica e di lotta per i diritti delle minoranze, alla fine degli anni Sessanta, fino alle più recenti scelte radicali di raggruppamenti, come il russo Vojna (che vuol dire 'guerra') i cui membri sono costretti a vivere in semiclandestinità. Probabilmente nessuno tra questi progetti ha cambiato specifiche situazioni di emergenza o di abuso, ma ognuno di loro ha rappresentato un momento di apertura, una prova di resistenza, la testimonianza di un'alternativa, e come fili autonomi nella tessitura della realtà sono ormai, e per sempre, presenti quasi fossero una fibra che permette una visione diversa. Ana Mendieta, in una lecture tenuta nel 1982 al New Museum of Contemporary Art di New York, cercava di mettere in luce i termini dello scontro in corso in quegli anni tra le varie forze attive nella società, e rivendicava la forza di quell'ingegno dubitativo, incarnato nell'impegno degli artisti a fare il proprio lavoro, esattamente in quanto artisti. L'artista cubana concludeva così il suo intervento: *"hard times are coming, but I believe we who are artists will continue making our work. We will be ignored but will be here"*[50].

Non è possibile misurare l'arte in termini di efficacia, come se esistesse una scala, un riferimento a una taratura che stima il raggiungimento di esiti più o meno vicini all'idea di un risultato desiderabile. Questo significherebbe sottoporre il lavoro degli artisti al governo della funzione e, quindi, alla preesistenza di un bisogno sul quale l'arte interviene come soluzione, chiudendo invece di aprire, componendo un ordine che riconduce il mondo a se stesso e non lo porta a moltiplicarsi al di sopra di sé, come l'arte invece fa. Possiamo, però, confrontarci con il suo linguaggio, con la sua forma (o con gli effetti della sottrazione della forma) nello spazio percettivo che ci troviamo a condividere con essa, con la sua durata temporale, fatta simultaneamente di presenza sensibile e di una proiezione nel tempo che, nell'immediato, sfugge alla nostra comprensione. La misura di questa ambiguità è evidente nei progetti che si autoproclamano partecipativi i quali "sembrano operare secondo un duplice gesto di opposizione e cambiamento positivo. Lavorano contro gli imperativi del mercato dominante e attenuano l'autorialità in seno ad azioni collaborative"[51]: inferni artificiali, come ha messo in evidenza Claire Bishop. Le pratiche partecipative nell'arte contemporanea hanno un legame controverso con le loro omologhe nelle politiche sociali che mette in luce il limite della loro efficacia: questa deve essere valutata in modo diverso se si riferisce alla consapevolezza dello spettatore nell'essere parte di un'operazione che ricade nel dominio estetico, oppure se viene considerata come strumento di miglioramento sociale[52].

È sensato, dunque, affermare che l'arte e i modi con i quali si manifesta devono avere una funzione sociale ma sempre esprimendosi in una forma simbolica: funzione sociale e forma simbolica. Quest'ultima assicura un'apertura di senso, uno spettro di possibili interpretazioni molto più ampio di quello dichiarato nelle formule dell'attivismo. La forma dell'arte, qualunque sia il linguaggio che utilizza, schiude uno spazio in cui gli interlocutori sono chiamati a condividere una parte del lavoro: l'opera non è semplicemente indirizzata a uno spettatore, che la recepisce passivamente senza dovere contribuire a renderla vitale, effettiva e, in un certo senso, completa. Ha una strana, doppia vita l'arte, esistendo autonomamente e moltiplicandosi nella percezione di chi vi si accosta. È importante chiarire che tale condivisione di responsabilità rispetto al senso dell'arte non riguarda solo le opere concepite per essere interattive o partecipative, ma ha a che fare con tutta la creazione artistica che, grazie a questa sua proprietà, si distingue dalle prestazioni meramente ornamentali e dai linguaggi destinati all'intrattenimento (l'intrattenimento 'trattiene', 'tiene tra', quindi immobilizza in una presunta condizione di benessere; ugualmente, il divertimento 'diverte', e cioè distoglie, distrae: entrambi sono parte delle operazioni di persuasione di massa con cui l'opinione così detta pubblica finisce per somigliare a quella che conviene ai gruppi dominanti). Non ha senso aspettarsi che l'arte sia piacevole, e nemmeno che sia bella, non desiderando proporsi come una cosmesi del mondo, ma come un fondamento, a volte l'ultimo a disposizione, per osservare la realtà da un punto di vista inaspettato – e magari, volgendosi indietro, una volta arrivati a quel punto, allora sì, trovarla anche bella, sorprendente, ottimista.

L'artista belga Francis Alÿs scrive: "la mia intenzione è di generare situazioni e storie che possono provocare un distanziamento per alterare le certezze circa lo stato delle cose, e aprire anche per un solo secondo, come un flash, un'altra visione della situazione"[53]. Alÿs attua questo distanziamento perseguendo una completa assenza di finalità in ogni suo progetto: nella rimozione di qualsiasi condizionamento del visibile, l'artista belga compie azioni destinate a non lasciare traccia, richiedendo sforzo fisico, tempo, impegno e impiego di risorse per giungere a un risultato minimo. Una della sue opere più note, *Paradox of*

Praxis 1 (Sometimes doing Something Leads to Nothing), realizzata nel 1997, esemplifica il concetto svolgendosi come un attraversamento delle strade di Città del Messico dove l'artista risiede stabilmente. In *Paradox of Praxis 1* Alÿs spinge un blocco di ghiaccio che si scioglie lungo il percorso e lascia dietro di sé per pochi secondi la traccia della sua impermanenza, senza una destinazione, senza una meta: il paradosso di questa prassi, la sua patente inutilità, è una metafora del presente che nello spazio urbano individua la scena in cui rappresentare l'opposizione tra azione e funzionalità, tra controllo sociale e sovvertimento soggettivo espresso come *détournement*. Alÿs non punta a un risultato visibile, né tanto meno verificabile, niente che possa essere ridefinito in una reificazione, in transazioni commerciali[54], o che possa scivolare in quella riduzione di senso che il potere sempre tenta di fare sulla ricerca degli artisti. La scomparsa definitiva del ghiaccio, prima che possa essere riconoscibile come qualcosa di iconico, prima che possa soddisfare qualsiasi stato di necessità legato al capitale, assume il valore di una liberazione, una dichiarazione di affrancamento dall'ossessione per la produzione, dalla smania per tutto ciò che è visibile. In tutti i suoi progetti Alÿs ribadisce continuamente la sua divergenza da una lettura conforme delle cose, un approccio che ricorre come punto di partenza per tutti quegli artisti nel cui lavoro è centrale la relazione con i sistemi di narrazione e rappresentazione messi in atto dal potere. Rispetto al quale l'arte, come si è detto, non si pone in una condizione dialettica, ma osserva una distanza necessaria alla rilettura e all'eversione, come è accaduto in tutte le più radicali esperienze linguistiche del Novecento: dal dadaismo al situazionismo, alle istanze dell'arte femminista, alle riappropriazioni postcoloniali, ad alcune proposizioni della Institutional Critique, fino alle più recenti sperimentazioni tra attraversamenti utopici e poetica del disincanto[55]. In una continua revisione del proprio ruolo e della propria opera, tra arte e attivismo, e in rapporti controversi con il sistema del mercato, oggi, numerosi autori e artisti contribuiscono a smantellare le classificazioni identitarie, localistiche, di classe, nazionali, agendo dall'interno di situazioni socio-politiche di cui rivelano i collegamenti con responsabilità degli stati e dei singoli cittadini del mondo globalizzato. È arduo, fino a sembrare impossibile, trovare un legame tra l'arte e le forze di dominio che sia, o sia stato, virtuoso in considerazione dell'autonomia d'espressione, dell'emancipazione del pensiero, della libertà individuale e collettiva. L'arte detiene, e deve continuare a difendere, la posizione di un punto di contrasto, di eterogeneità e diversità dagli strumenti di governo, sempre capace di fornire un'interpretazione dissonante, vibrata, salvifica, un'indicazione verso la libertà. All'arte non spetta che l'opposizione e, come scrive Teresa Macrì, "probabilmente può reinterpretare il mondo solo affermandosi come corpo comunitario dissidente, abbandonando lo status negoziale che la irreggimenta all'establishment, rioccupando una utopia"[56].

Il territorio dell'invisibile proposto dall'arte punta a costruire strumenti individuali per la coscienza, e gli artisti creano uno spazio di confronto completamente disfunzionale rispetto alla pratica occulta della normalizzazione: nel momento in cui danno vita a opere che sollecitano lo sforzo immaginativo del pubblico, gli artisti agiscono oltre i convenzionali rapporti di fruizione adottati nelle strutture verticali della conoscenza, che di solito sono basati sul visibile e su ciò che è immediatamente riconoscibile, mentre costruiscono percorsi surrettiziamente obbligati e sbarramenti immateriali.

Interiorizzare l'indicibile

Il contrasto al visibile nell'arte diventa il luogo per un continuo esercizio della costruzione immaginativa che si sostituisce alla logica del monumento commemorativo. Dal secondo dopoguerra, e soprattutto negli ultimi decenni del Novecento, si è sviluppata un'estetica alternativa alla tradizione plastica dei memoriali, più specificamente nel caso di opere dedicate alle vittime dei totalitarismi, dei genocidi, dei così detti crimini contro l'umanità e delle tragedie di origine politica o ideologica, oppure attribuite alla fatalità (ma con una controversia ancora aperta sulla loro causa): opere permanenti e installazioni temporanee negli spazi pubblici che escludono percorsi narrativi eccessivamente informativi o dettagliati, che non incorporano condanne dirette a precise categorie sociali, politiche, nazionali, ma puntano a ispirare riflessioni sulle responsabilità piuttosto che sulle colpe, a sollecitare l'impegno per il futuro anziché una, più o meno dolente, recriminazione verso il passato. Attorno alla loro presenza si aprono discussioni sul ruolo che ognuno può assumere rispetto alla Storia, su quale storia scrivere, sugli strumenti e sulle forme da utilizzare per scriverla. L'alterità di questi interventi profila un rifiuto nei confronti della consuetudine iconografica (tangibile e visibile) del monumento e dichiara una volontà di contrasto alla retorica del potere, anche di quello democratico in seno al quale nascono tali progetti e che li autorizza. Ponendo in risalto un'antinomia, che pure non descrive sempre fedelmente la loro specificità, queste opere sono state incorporate nella definizione di "contro-monumenti: spazi della memoria, apertamente e dolorosamente autocoscienti, concepiti per sfidare le premesse della loro stessa esistenza"[57]. Le riflessioni di James Young, che costituiscono oggi un punto di riferimento imprescindibile, anche se parzialmente datato, nel dibattito sull'intervento commemorativo nello spazio pubblico, mettono a fuoco in modo specifico il rapporto controverso che la Germania ha creato con la consapevolezza delle proprie colpe al tempo del nazismo. All'indomani della seconda guerra mondiale, dopo la Conferenza di Postdam e il processo di Norimberga, dopo la partizione del paese in due blocchi contrapposti, in Germania è stata coltivata la conoscenza responsabile del passato, non la sua negazione[58]: un fardello di cui, soprattutto dopo la riunificazione del 1989, a guerra fredda conclusa, si è fatta carico in modo trasversale l'intera comunità nazionale, con governi, municipalità, gruppi informali e privati cittadini. Quello tedesco costituisce un caso pressoché unico nel mondo degli stati moderni, dove i vincitori hanno sempre commemorato i propri trionfi e le vittime hanno talvolta perpetuato il ricordo dei propri martiri: "dove sono i monumenti nazionali al genocidio dei nativi americani, ai milioni di africani schiavizzati e assassinati, ai kulaki affamati a morte a milioni?"[59]. Il *Denkmal-Arbeit* tedesco, il dibattito inesausto sulla propria identità, che "simultaneamente sposta e costituisce l'oggetto della memoria"[60], si dipana come un lavoro irrisolto sulle forme da dare all'indicibile (e quindi, forse, non rappresentabile) ricordo della Shoah e di tutte le vittime del nazismo. La discussione sembra anche voler schivare la possibilità che "la proliferazione di memoriali e di musei dedicati al ricordo degli ebrei tedeschi possa essere un modo per alleviare le generazioni future dal senso di colpa, permettendo loro di vivere in un nuovo paesaggio"[61]. La conciliazione incompiuta con i mostri del XX secolo appare, dunque, come un compito tuttora aperto e rinverdito in occasione di ogni nuovo memoriale o museo. Un percorso parallelo alla presa di coscienza che il popolo tedesco ha deciso di intraprendere, schiacciato dall'assenza di una comunità dissolta, di una cultura lacerata in modo irrimediabile, di una dimensione urbana annientata con pari impegno dal razzismo nazista e dagli indiscriminati bombardamenti a tappeto della Royal Air Force, che dal febbraio 1943 hanno devastato le città tedesche. La scomparsa, il vuoto, la privazione del visibile sono i motivi ricorrenti nelle opere di autori che, soprattutto in prossimità della riconciliazione post-cortina, si sono fatti mediatori di un'angoscia storica, impossibile da esprimere con forme tangibili. Punte radicali di questa ricerca sono le opere di artisti tedeschi come Jochen Gerz, Horst Hoheisel, Hans Haacke o Gunter Deming, che con le sue *Stolpersteine*, dedicate a tutte le vittime del nazi-fascismo, dissemina lo spazio pubblico d'Europa di corrugazioni sulla superficie del quotidiano, inserendo sampietrini in bronzo con i dati dei cittadini deportati nei campi di sterminio sui marciapiedi e nelle piazze presso la soglia delle loro ultime abitazioni. Questi autori sono spinti verso possibilità alternative anche in forza di una profonda sfiducia verso quelle stesse forme monumentali, peraltro impiegate dal nazismo e da tutti i regimi oppressivi, che "consolano gli osservatori e riscattano eventi tragici, o indulgono in una facile *Wiedergutmachung* (riparazione) [...]. Invece di accendere la memoria nella coscienza pubblica, che temono, i memoriali convenzionali la sigillano per sempre fuori"[62]. Nelle opere di Jochen Gerz, caratterizzate dalla decostruzione formale e processuale dell'estetica del monumento, viene completamente ribaltata la logica che ne istruisce la composizione. Il manifestarsi del suo lavoro, o la sua scomparsa, incita negli osservatori una partecipazione attiva e una precisa volontà di essere parte critica nella costruzione della memoria collettiva, dissentendo anche, e esprimendo punti di vista opposti a quelli presupposti nella creazione del monumento. Il *Mahnmal gegen Faschismus, Krieg, Gewalt - für Frieden und Menschenrechte*, realizzato in collaborazione con Esther Shalev-Gerz, su commissione del Municipio di Amburgo, predilige la scomparsa, l'ablazione totale della presenza immanente del monumento, concependo l'invisibilità "come una cura" mentre "l'assenza permette a ognuno di diventare autore del proprio personale lavoro di memoria"[63]. I due artisti scelgono di realizzare il *Monumento contro il fascismo, la guerra, la violenza - per la pace e i diritti umani* nel quartiere popolare di Harburg, dove nel 1986 viene installato un pilastro quadrato alto dodici metri. Una targa invitava chiunque a scrivere sulla sua superficie la propria idea di opposizione ai fascismi: "Invitiamo i cittadini di Harburg, e i visitatori della città, ad aggiungere i loro nomi qui accanto ai nostri. In questo modo ci impegniamo a restare vigili. Mentre sempre più nomi la copriranno, questa colonna di acciaio alta dodici metri verrà gradualmente inserita nel terreno. Un giorno sarà scomparsa completamente e il luogo in cui a Harburg sorgeva il Monumento contro il Fascismo sarà vuoto. Infine solo noi possiamo ergerci contro l'ingiustizia". Come previsto, il pilastro è stato progressivamente interrato, rendendo raggiungibili nuove superfici da ricoprire di scritte, fino alla sua scomparsa totale nel 1993[64]. Il monumento, che ha accolto sulla sua superficie anche svastiche e slogan xenofobi, riflette coerentemente la sensibilità sociale, come un allarme sulle recrudescenze razziste, e allena il pensiero critico: "nella sua concezione egualitaria il contro-monumento non vuole commemorare l'impulso antifascista ma attivarlo, spezzando la relazione gerarchica tra l'opera e il pubblico"[65]. L'osservatore è chiamato a partecipare, silenziosamente oppure in modo concreto, alla creazione dell'opera stessa, che si tramuta percettivamente in un'azione e trasforma chi viene coinvolto nella creazione di senso in un attore consapevole.

Analogo svolgimento ha l'interazione mentale e immaginativa che Horst Hoheisel ha creato con la sua versione della fontana Aschrott Brunnen. La prima fontana venne costruita a Kassel nel 1908, grazie a una generosa donazione del magnate ebreo Sigmund Aschrott, e rasa al suolo venti anni dopo dai nazisti che volevano estirpare il prestigio e ogni segno della comunità ebraica dalla città. Hoheisel nel 1987 ha fatto riprodurre il volume neogotico della fontana in una forma cava di cemento bianco per interrarla completamente, capovolta, sul sito originario. L'acqua che scorre nella profondità oscura della cavità è per l'artista "una ferita e una domanda aperta per penetrare la coscienza dei cittadini di Kassel"[66]. L'assenza e la negazione del visibile si propongono non come perpetuazione di una cancellazione, ma come sollecitazione positiva che si distanzia dalla magniloquenza degli apparati del potere e rilancia una condizione del possibile, dove cittadini, passanti e i viaggiatori quinquennali dell'arte contemporanea accedono a una definizione del tutto autonoma della memoria. Quello che non è visibile diventa costruzione morale, proiezione individuale e inevitabilmente conduce a una comunione tra i diversi osservatori. Invisibile ma presente, come la memoria collettiva, come la storia, adagiata uno strato dopo l'altro sull'Europa, come il passaggio di donne e uomini sulla terra e la sintesi della loro opera. Più recentemente, a Kassel, in occasione di dOCUMENTA (13), la scozzese Susan Philipsz ha realizzato *Study for Strings*, un'opera che distende il tempo passato lungo il presente, facendolo diventare, per il pubblico, contingente ed eterno. L'artista ha estratto due parti strumentali (viola e violoncello) dal concerto composto da Pavel Haas nel 1943, durante la prigionia nel campo di concentramento di Theresienstadt, dove venne eseguito l'anno seguente dalla Terezin String Orchestra, a beneficio di cinepresa per l'infame film di propaganda *Theresienstadt. Ein Dokumentarfilm aus dem jüdischen Siedlungsgebiet* come dimostrazione delle felici condizioni di vita dei detenuti. Dopo il concerto, quasi tutti i musicisti e lo stesso compositore vennero trasferiti ad Auschwitz e assassinati; la ricostruzione della partitura è stata possibile grazie alla sopravvivenza del direttore di quell'orchestra tragicamente effimera. Nel lavoro di Philipsz, le note eseguite separatamente sono riprodotte da ventiquattro casse installate presso i binari della stazione centrale, da dove partirono treni carichi di ebrei deportati[67]. L'invisibile è qui immaginabile grazie allo smembramento della composizione musicale che evoca, senza descriverla, una sequenza di vicende. La presenza muta e attenta degli ascoltatori di *Study for Strings* incarna una risposta, una delle molte possibili, all'appiattimento dell'opinione operato dai regimi con gli strumenti di propaganda, tutti radicati nella diffusione di immagini, certi della prova del visibile.

A partire dagli anni Ottanta molte opere permanenti, commissionate nella formula del memoriale da parte di enti pubblici, sono state realizzate sperimentando, con varia efficacia, altre possibilità del monumento a scomparsa o "per difetto", come li definisce Adachiara Zevi nell'indagine dedicata a opere in difetto "di monumentalità, se per essa si intendono alcune prerogative generalmente attribuite ai monumenti: unicità, staticità, ieraticità, indifferenza al luogo, aulicità, eloquenza, esproprio delle emozioni"[68]. La Germania, in forza della complessità della posizione maturata collettivamente rispetto alla propria storia, continua a offrire l'arena per le opere più interessanti tra quelle incentrate sulla negazione del visibile, come se il termine ultimo, l'approdo di un viaggio alla ricerca della forma da conferire alla memoria non possa agglutinarsi in materia, in riconoscibilità oggettiva. Si tratta di opere che sfuggono alla dinamica consueta che struttura i rapporti tra l'osservatore e l'oggetto della contemplazione, non essendo basate sulla distanza fisica che si crea in questa dualità ma nel suo opposto, nel riempimento di tale distanza con un percorso mentale.

A Berlino, *La Maison Manquante* di Christian Boltanski riporta le tracce di vite ordinarie, contravvenendo anche in questo alla logica del monumento. La casa mancante si trova nel quartiere che ospitava la numerosa comunità ebraica della capitale, dove le distruzioni della seconda guerra mondiale hanno lasciato numerosi spazi vuoti, orli residuali di una lacerazione ancora non ricomponibile. Al numero 15B di Grosse Hamburger Strasse, nel vuoto lasciato tra due ali di un edifico danneggiato nel corso dei bombardamenti del 3 febbraio 1945, ma già in precedenza abbandonato dai suoi abitanti, quasi tutti ebrei deportati, Boltanski ha scelto di ribadire l'assenza, amplificandola con i loro nomi, scritti su targhe apposte sulle pareti cieche delle architetture adiacenti. L'installazione è l'esito di un percorso in cui Boltanski ha coinvolto gli studenti di una scuola d'arte per ricostruire quelle vite di cui si era persa memoria[69]. Le targhe riportano la data di nascita, il lavoro svolto in vita, il periodo trascorso in quella casa dagli abitanti scomparsi, e si trovano più o meno in corrispondenza di dove avrebbero dovuto trovarsi gli appartamenti. Ancora a Berlino, nella Bebelplatz, dove il 10 maggio del 1933 i nazisti appiccarono uno dei tanti roghi di libri, in gran parte strappati dalle biblioteche della università cittadine, si trova l'opera di Micha Ullman, inaugurata nel 1995. Il *Monumento alla memoria dei roghi di libri* è una stanza sotterranea le cui pareti sono ricoperte di librerie bianche e vuote, visibile solo attraverso una lastra di vetro nella pavimentazione della piazza. Una placca di bronzo, a pochi passi, reca due versi da *Almansor* di Heinrich Heine (tra gli autori i cui libri arsero tra le fiamme dei nazisti): "*Das war ein Vorspiel nur, dort wo man Bücher verbrennt, verbrennt man am Ende auch Menschen*", "Dove vengono bruciati i libri, alla fine verranno bruciate anche le persone". E l'assenza è portante anche nella *Holocaust Turm* nel Museo Ebraico di Daniel Libeskind a Berlino, una sorta di contrappeso concettuale dell'intera architettura e del (sovraccarico) percorso espositivo. La torre racchiude e amplifica un vuoto iperbolico, uno spazio sbilenco, buio e opprimente, il cui senso diventa cardinale al principio o al termine della visita, non informativo né didascalico, dove lo stesso visitatore diventa quasi invisibile. Ancora in tutti questi casi si può riproporre il punto di vista di Young secondo il quale il contro-monumento "spinge il memoriale a disperdere – e non a raccogliere – la memoria [...]. Disperdendo se stesso mima la dissipazione stessa del tempo, e diventa più simile al tempo che alla memoria"[70].

La declinazione del senso della morte nelle varie culture rom e sinti interpreta questa mimesi del tempo in un modo che sembra originario e profondamente umano. Tra i vari rituali funebri fino a poco tempo fa molto diffusi, quello della negazione marca con maggior incisività la distanza che li separa dai *gagé*, come vengono definiti tutti i non rom. Tale negazione prevede la distruzione delle proprietà del defunto, dai carrozzoni ai suoi abiti, agli utensili e, a volte, anche al denaro contante; l'astensione dal pronunciare il suo nome o dal compiere pratiche che gli erano solite e mangiare cibi a lui cari; il divieto di usare termini e espressioni frequenti nel suo parlare[71]. È come se celando e tacendo il visibile e l'udibile il tempo possa continuare a contenere la realtà dello scomparso, perpetuandone la presenza senza trasformarla in ricordo. A Berlino si trova un memoriale per i Sinti e i Rom d'Europa assassinati sotto il regime nazionalsocialista. L'opera di Dani Karavan consiste in uno specchio d'acqua al cui centro si trova un triangolo di pietra che si inabissa ogni giorno e riemerge recando un fiore fresco. Trascurabile sul piano dell'invenzione formale, soprattutto rispetto ai temi della sollecitazione di condivisione di senso, il memoriale riporta in primo piano le controversie sull'esclusività della memoria (con una sorta di gerarchia tra le tragedie che riguardano diverse minoranze) che erano sorte attorno al monumento dedicato alle sole vittime ebree del nazismo: il memoriale berlinese per gli Ebrei assassinati d'Europa, che dopo lunghe polemiche è stato realizzato secondo il progetto di Peter Eisenman (un riadattamento dell'originale presentato in concorso a firma congiunta con Richard Serra)[72].

A tale proposito la memoria contesa attorno al lager di Buchenwald presenta una successione di appropriazioni e restituzioni che chiariscono il modo in cui la propaganda altera e strumentalizza le dinamiche del ricordo attraverso l'imposizione di un solo passato reso visibile nelle forme del monumento. Nel crollo dell'ordine nazista, nell'aprile 1945, le SS fuggirono dal campo pochi giorni prima dell'arrivo delle truppe USA. L'intera storia di Buchenwald e quel breve intervallo in cui i prigionieri gestirono autonomamente il campo, furono strumentalizzati e manipolati dalla DDR a favore di una storia eroica della Germania orientale, portando nel 1953 allo scioglimento dell'associazione che raccoglieva vittime e parenti delle persecuzioni naziste e non aveva la vocazione a una esclusiva magnificazione del comunismo[73]. Contestualmente venne costituito il Comitato dei combattenti della resistenza antifascista "condannando all'oblio le vittime omosessuali, rom, sinti, cattoliche ed ebree che avevano perso la vita a Buchenwald e omogeneizzando il ricordo sul piano della lotta comunista e antifascista"[74] per un'esaltazione esclusiva della virtù di stato e di partito. La sodalità espressa nel primo rudimentale e deperibile simbolo della liberazione, un obelisco in legno eretto dagli ex detenuti[75], venne sepolta nelle tonnellate di bronzo del gruppo scultoreo di Fritz Cremer per il memoriale inaugurato nel 1958: undici emaciati sopravvissuti finalmente liberi, al centro di un articolato santuario della fede comunista, sullo sfondo della torre della libertà, istruiscono il visitatore sul coraggio e il valore dei combattenti che per essa si sacrificarono[76]. Quasi come un'ideale compensazione per la dispersione del ricordo delle altre vittime e della storia del lager, nel 1995 venne realizzato il *Denkmal an ein Denkmal*, il memoriale per un memoriale, su progetto di Horst Hoheisel in collaborazione con Andreas Knitz. Una semplice lastra metallica, sul sito dell'obelisco scomparso, riporta la lista dei cinquantuno gruppi di internati e vittime di Buchenwald[77]. Il titolo dell'opera indica un ulteriore passo nell'astrazione del concetto di memoriale (memoria fluida, e non assertiva, di un'altra memoria violata). La dimensione attiva di questa memoria si realizza nella temperatura della lastra che viene tenuta stabilmente a 37° C, la stessa del corpo umano. Nell'identificazione volontaria che ogni visitatore compie inginocchiandosi per appoggiare la propria mano alla lastra, si inabissa tutta la retorica del realismo socialista, la violenza del pensiero unico di regime, il condizionamento delle storie dei vivi e dei morti[78].

Pubblico e politico

Nel XX secolo, la dialettica attorno allo spazio pubblico si dispone lungo uno spettro di variazioni contenute tra i due estremi delle provocazioni dadaiste, da un lato, e dello spettacolo di massa nei primi anni di esistenza dell'Unione Sovietica, dall'altro. Mentre il primo caso si manifesta come azione "di disturbo, per presentate istanze di dissenso su piccola scala di fronte alle norme dell'estetica e della morale dominanti, il secondo è costruttivo e affermativo, presentando lo spazio pubblico come il centro di una artificiale coesione di massa"[79]; lo spettacolo di massa sovietico è verticale, gerarchico e impegnato a modellare la coscienza collettiva, mentre il Dadaismo si basa su un principio anarchico e di insubordinazione, ispirato alla rilettura della realtà e rivolto verso il sovvertimento del sistema. L'allargamento del concetto di sfera pubblica a un orizzonte che comprende la rete e tutte le terminazioni del mondo virtuale non incide in modo sostanziale su questa dicotomia, mantenendo distinti i poli della contesa sulla libertà di scelta dei singoli. E anche se è aumentata la consapevolezza di chi agisce, per così dire, dal basso, e relativamente anche l'accesso a tale coscienza, si è moltiplicato in modo esponenziale il numero degli agiti, e su questa guerra di numeri prosperano ancora le forze del controllo verticale. A complicarsi è anche il rapporto interno di questa antitesi, con uno sfrangiamento dei confini operativi dei vari attori e con l'accelerazione, da parte degli uni e degli altri, del ritmo nel contrasto, nelle tattiche, nei travestimenti e nei successivi smascheramenti.

Contestualmente sono in corso alcune mutazioni dello spazio pubblico che corrono lungo direzioni a tratti coincidenti e a tratti opposte il cui aspetto più visibile è la crisi della forma della città. I disegni espansionistici delle strutture più aggiornate del capitalismo sembrano sempre meno interessati all'occupazione dello spazio comune e si concentrano quasi sempre nelle periferie delle città, lungo le tangenziali, a pochi metri dagli svincoli autostradali: negli ipermercati, nei centri commerciali e nelle cittadelle dell'outlet immerse in sconfinate aree di parcheggio, strutture che, malgrado la percezione dei loro frequentatori, sono di proprietà privata e si sostituiscono idealmente a quei luoghi di incontro e condivisione che appartengono invece alla città. Vengono ottimisticamente considerati come le nuove piazze, solo che, a differenza di quello che accade nelle condizioni in cui storicamente si incontrano gli abitanti di un luogo, qui è tutto funzionalizzato al consumo (attrezzato per incontrare trasversalmente le capacità economiche di spessi strati di cittadinanza) e non prevede, né consente, la nascita di fenomeni di riconoscimento della comunità[80]. Per riprendere una definizione di David Harvey, la città "è il luogo in cui persone di ogni provenienza e classe sociale si mischiano e tra mille resistenze e conflitti, finiscono per produrre una forma mutevole e contingente di vita in comune"[81]. Gli spazi di incontro delle città vengono via via disertati, trasformati in aree di attraversamento rapido. Le funzioni precise della ragione della coesione sociale, e della sua traduzione in percorsi tangibili, nel corso dell'ultimo secolo, e con particolare accelerazione negli anni della digitalizzazione, si sono sempre più ritirati in una rete di rapporti immateriali, igienicamente circoscritti in aree accessibili ai soli interessati, spesso dietro specifica autorizzazione. Negli Stati Uniti e nelle metropoli di tutto il pianeta si assiste a una progressiva corruzione della città, della sua origine come sintesi dell'aggregazione sociale. I ceti medi e alti migrano verso i suburbi dai quali raggiungono le proprie destinazioni in automobili da lunghe percorrenze, mentre i centri originari vengono in larga parte abbandonati e, dove questo diventa possibile grazie all'abbassamento dei costi, una nuova fascia di reddito vi si insedia, un mondo dai margini che torna negli spazi storici dell'abitato come in un nuovo ghetto[82]. Si tratta di un fenomeno che pur se strettamente connesso alla storia urbanistica e alla crescita smisurata delle città americane e delle megalopoli extraeuropee, comincia a riguardare anche i centri storici nel vecchio continente. Qui, invece dell'abbandono, si compie un congelamento nel nome di una fittizia sicurezza, con slogan discriminatori in una continua lotta al cosiddetto degrado, e domina la volontà precisa di soddisfare il turismo offrendo un'immagine più vicina possibile a quella sintetizzata da Internet e dalla promozione ambientata nel più sterile scenario del pittoresco. La città, la stessa che è stata livellata in funzione del controllo e della fissità dei rapporti tra i suoi abitanti, viene quindi appiattita, in formato bidimensionale, in qualcos'altro che è soprattutto visibile ma non esperibile, o lo è solo all'interno del compromesso con il suo "marchio". Harvey, riflettendo sull'investimento che le maggiori città di tutto il mondo hanno fatto rispetto alla propria quiddità, rivede il concetto di capitale simbolico elaborato da Pierre Bourdieu[83]: mettendo in evidenza come il "capitale simbolico collettivo" legato a nomi e luoghi garantisce vantaggi economici, si spiega facilmente perché i governi cittadini spingono per incrementarlo e "far crescere i loro segni distintivi, rafforzando così quelle rivendicazioni di unicità che sono in grado di produrre forme di rendita di monopolio"[84]. Il marchio di una città diventa così un vero e proprio business e il capitale simbolico collettivo diventa l'oggetto di una contesa: da un lato le amministrazioni protezioniste (qui si inserisce la retorica degli "esercizi storici" e la crociata contro i kebab, mentre si disfa la forma della città con la costruzione di centri commerciali e varie speculazioni edilizie nell'interesse dell'industria del cemento), dall'altro lato agiscono le soggettività, impegnate a recuperare spazi di autenticità nutriti da uno scambio di piccola scala, con sperimentazioni di sussidiarietà, di solidarietà, di reinvenzione creativa in un tessuto pluralista e non esclusivo. È quanto di più corrispondente ci sia alla "fabbrica di produzione del comune" che Michael Hardt e Antonio Negri individuano come spazio di critica sociale, di resistenza civile al dogma capitalista[85].

Cosa rimane, quindi, nel modello attuale dello spazio pubblico? Qualcosa di concreto, come le mura degli edifici, l'asfalto, le basole delle strade, gli alberi, qualcosa che si salda attorno alla tangibilità di alcuni simboli. Ma anche qualcosa di relazionale, sorto dalla condivisione di un luogo fisico ma che si sviluppa e genera il racconto, elastico, sfumato ai bordi e sempre mobile, del luogo stesso e del numero imprevedibile di persone che lo abitano. Fisico e invisibile, nella disponibilità non discriminata della totalità dei cittadini, lo spazio pubblico tende a somigliare al concetto di bene comune, inteso nel suo significato giuridico di diritto universale, che non può essere sottoposto a nessuna restrizione o privatizzazione, e di cui possono beneficiare in modo egualitario tutte le persone. Rientrano in questa categoria patrimoni materiali e immateriali, come la conoscenza e, parafrasando Stefano Rodotà, "il sapere libero e diffuso" cioè quel bene comune che è l'immaginario costruito attraverso la memoria collettiva: quel 'comune' fatto di linguaggio, forme della socialità, relazioni, che Hardt e Negri pongono alla base dell'unica possibile rivoluzione sociale di questo secolo. Mentre si rinforza il legame tra il potere e la conoscenza (delle connessioni, degli interessi, dei meccanismi burocratici), è ancora più importante la differenza tra l'intelligenza al servizio del potere e quella comprensione delle cose che invece non si sottomette al potere: il sapere "critico e sovversivo" che riconosce la pluralità di pensiero, la difende e la coltiva nella vita sociale[86]. Qui sta la ragione di quella "privatizzazione del desiderio"[87] che concentra in stereotipi di consumo individuale e solitario il patto tra l'espansione inarrestabile della produzione e il controllo sui suoi destinatari: piaceri privati, il cui desiderio è alimentato dalla televisione, che fanno a meno, devono fare a meno, di ogni creazione di senso condivisa, che non sia reificabile e commerciabile.

Lo spazio pubblico urbano, rientrato in questa possibilità di uso e di accesso, trascurato dal sistema di controllo che lo ha forgiato, sta acquisendo caratteristiche e potenzialità da luogo marginale? In primo luogo si ricordi il minor numero di monumenti permanenti che vi vengono realizzati, sia per via del dissolvimento del senso stesso del monumento tradizionale, sia perché la comunicazione visiva ed enunciativa dei poteri predilige nuove dimensioni, fisiche o immateriali. Da qui la mancanza di interesse a produrre pressione visiva in città, ad altezza d'uomo. I contromonumenti, invece, così come tutte le interpretazioni che discendono dalla crisi del monumento, prendono forma e si manifestano come esperienza obbligatoriamente nello spazio urbano, quello attraversato dai suoi abitanti in base a necessità che non sono connesse alla produzione materiale, al consumo, all'accumulo di capitale. La risposta all'interrogativo sulla marginalità dello spazio, dunque, è positiva, comportando il corollario che questi spazi diventano anche il punto di una riaffermazione dell'arte come territorio indispensabile per l'espressione del pensiero critico.

In questa prospettiva si registra anche uno slittamento nell'individuazione del destinatario dell'arte e delle nuove declinazioni del monumento: non più il componente anonimo di una astratta comunità, identificata sbrigativamente con confini giuridici di municipalità o nazionalità, ma ogni singolo cittadino, chiamato in un dialogo quasi sempre alla pari, ammesso come comprimario rispetto all'opera per il contributo che porterà alla sua realizzazione, o per la creazione interiore, intima ma non meno importante per la vita dell'opera stessa, che potrà scaturire dall'interazione. I monumenti per sottrazione, a scomparsa, per difetto, i monumenti progettati con gli strumenti della condivisione e della partecipatività, al netto della loro strumentalizzazione, amplificano in due direzioni il rapporto con il pubblico. In primo luogo lo allargano a tutti i possibili spettatori, senza attributi di appartenenza, aspirando a parlare un linguaggio universale e flessibile al punto di potersi rivolgere a chiunque. Al tempo stesso restaurano, lavorando in profondità, un legame quasi personale con i loro interlocutori, che vengono intesi già capaci di compiere una lettura autonoma del portato simbolico dell'opera, un'interpretazione che può essere anche eretica, addirittura antitetica ai principi cui il progetto si ispira: l'opera, nei suoi processi si apre a una divaricazione che ammette l'opposizione ma non con l'obiettivo di neutralizzarla, né di renderla organica al pensiero che giace sul suo stesso piano. Non c'è (non dovrebbe esserci) nessun pensiero completamente incarnato nell'opera nata nel quadro di queste di queste linee etiche ed estetiche, e rivolte al - così ridefinito - pubblico dell'arte.

La dimensione pubblica viene intesa in senso stretto come politica, a partire dalla radice del termine greco: nel derivare da πόλις (polis), avvince al suo concetto primario di città il suo abitante, il cittadino (πολίτης, polites), e lo porta come elemento costitutivo di ogni elaborazione teorica in cui si inscrivono i rapporti tra la prima e il secondo. Se si considera poi la condivisione della radice πολ- con l'aggettivo πολύς (polius), 'molto' (il cui plurale πολλοί, polloi, acquisisce la qualità di sostantivo: 'i molti'), il significato di 'politico' è quello di una funzione capace di trasformare la moltitudine in cittadinanza, in comunità, grazie all'uso del linguaggio e della facoltà immaginativa. La dimensione politica dello spazio urbano ribadisce così il fondamento del dialogo, il bisogno di individuare e di condividere nello scambio di idee le regole per la convivenza. L'uso dello spazio pubblico è, dunque, sempre politico e comprende al suo interno l'uso della lingua. L'estensione politica e dialogica dello spazio si manifesta in modo profondo e originario nel momento in cui la condivisione di senso avviene direttamente con chi lo abita. Questa è la relazione di partenza, il contesto dato da autori, coautori, interpreti, spettatori, passanti, mentre, per quello che riguarda il senso e gli effetti dell'opera, l'unico modo per interpretarne "l'aspetto politico è attraverso il concetto che Jacques Rancière dà di 'metapolitica': un'azione destabilizzante che produce dissenso su quello che è pensabile e dicibile nel mondo"[88].

Questo sovvertimento diventa tanto più efficace quanto più le espressioni dell'arte si staccano dal linguaggio consueto del sistema, spesso disarticolandolo, o riproducendone alcuni codici in versioni estreme ma, soprattutto, sottraendosi all'ordine di semplificazione, riconoscibilità, ripetizione che struttura il lessico del potere. Nel 2012 l'artista inglese Ryan Gander ha presentato a Kassel *I Need*

Some Meaning I Can Memorize (*The Invisible Pull*), un intervento nel piano terra del Fridericianum, il principale spazio espositivo di dOCUMENTA (13): una corrente d'aria che attraversa il volume quasi completamente vuoto, investendo i visitatori senza un ritmo distinguibile, senza l'evidenza della sua ragione e della sua origine. Con il vuoto spazzato dal vento, Gander sfida il senso di appagamento, quella sicurezza data dal muoversi in una maglia di riferimenti noti o familiari di cui è in cerca il pubblico quando pensa all'arte. Senza provocazioni, anzi, agendo quasi nel solco di una pratica estetica di contemplazione del vuoto[89], l'artista ha disposto una rappresentazione dell'arte nella sua epifania più pura, quella di un'esperienza, di qualcosa che accade lasciando chi la vive nella posizione di debitore alla ricerca di un completamento del suo significato.

Uscendo dai musei e dai recinti protetti delle mostre pluriennali o degli interventi autorizzati, la rivelazione di questa ricerca comune di responsabilità diventa più difficile, si cosparge di ostacoli e fraintendimenti. Nelle relazioni con gli enti di governo e con tutti gli interlocutori sorgono contrasti generati proprio da questa mobilità degli elementi che l'artista mette a disposizione per la creazione di una relazione con l'opera; "come altre forme artistiche il monumento è più benigno quando è statico: è lì mentre lo si osserva, sparisce appena gli si voltano le spalle"[90]. I monumenti nello spazio pubblico, staccandosi dalla compostezza gerarchica ed estetica entro cui sono stati definiti dalla cultura classica e moderna dell'Occidente, rifiutando nel Novecento di servire la retorica di regime, sono passati attraverso un'indifferenziazione rispetto al paesaggio che li circonda; svuotati delle originarie funzioni si arenano negli slarghi o a ridosso delle architetture come carcasse esornative: la *plop art* per lo più ignorata dai cittadini, asettica dal punto di vista politico, pacifica rispetto alla memoria, nei casi migliori firmata da autori importanti ma più spesso dimenticabile se riferita al dibattito sull'arte e sui suoi processi. Questa sterilizzazione dell'arte nella città, come ricostruisce Cecilia Guida, è un fenomeno originariamente statunitense, legato ai piani di riqualificazione e sostenuto dai programmi *Percent for Art* a partire dalla fine degli anni Sessanta; l'arte viene ridotta a "strumento del processo di estetizzazione dello spazio pubblico" senza però "stabilire una relazione con il contesto fisico e sociale in cui si colloca"[91]. Senza didascalie, senza alcuna cornice concettuale e architettonica a contenerla e a giustificarla, l'opera deve fare i conti con un pubblico che non sempre, o non del tutto, ne comprende le ragioni e ne apprezza gli esiti. L'imposizione di un oggetto visibile in modo permanente, greve sull'orizzonte urbano e architettonico, irrelato rispetto all'ambiente, rischia il verificarsi di una vera e propria crisi di rigetto da parte della sfera sociale che in questo modo si comporta esattamente come un organismo vivente[92].

Ugualmente, anche quando è la dinamica relazionale della "new genre public art", così come l'ha definita Suzanne Lacy[93], a venire immessa nel flusso consueto delle cose, non è possibile prevedere che tipo di interpretazione ne darà il pubblico (e cioè la comunità chiamata a essere coautrice, testimone, destinataria); non si sa quali reazioni ne nasceranno, e quanto in profondità l'opera potrà agire rispetto alla visione che la collettività ha di se stessa, interferendo o meno con il pensiero con cui la comunità si rappresenta. E, come si chiede la stessa Lacy, in che modo è possibile rendere duraturo l'impatto dell'arte una volta che l'artista "straniero" si è allontanato dalla comunità?[94] In questo passaggio, dalla frontalità all'apertura multidirezionale, dalla forma fine a se stessa all'interrogativo sui processi, dalla considerazione plastica del contesto, all'attenzione per la comunità che lo abita, si incardina uno dei più importanti passaggi di democratizzazione dell'arte nella sfera pubblica, suscettibile però ancora di compromissioni e strumentalizzazioni da parte del potere. È importante sottolineare che la vocazione di questo tipo di interventi "non è di creare la città buona e giusta, risolvendo i problemi di cui dovrebbe farsi carico il potere politico, ma piuttosto di produrre degli spazi fisici e discorsi alternativi a quelli esistenti"[95].

Il nome delle cose, dei luoghi, delle persone, delle cose che fanno

Dare un nome alle cose serve a poterle riconoscere, ma è primariamente un atto di appropriazione: si nomina qualcosa su cui si vanta un diritto, qualcosa che è parte della propria disponibilità e che contribuisce a definire il proprio orizzonte. Dare un nome alle cose significa, a volte, ridurne l'ampiezza, sottraendole all'infinita varietà di interpretazioni che ne possono venire date. Avviene così in quelle regioni e città condivise da più di una comunità nazionale, culturale o linguistica: chiamare i luoghi per nome, con la propria lingua, crea un legame, come pure poterli guardare da lontano, o pensarli e basta, anche senza averli mai visti, immaginarli individualmente e collettivamente, sapendo che sono lì e fanno parte di un paesaggio al quale si appartiene. Ecco perché Khaled Jarrar, artista e attivista palestinese, ha scelto di disegnare un uccello noto come "passero palestinese" nel sigillo per il suo progetto *State of Palestine*, con cui dal 2011 imprime un timbro sui passaporti di volontari di qualsiasi nazionalità. Si tratta di una specie di passeraceo endemico che il governo israeliano sta cercando di rinominare per farne un proprio simbolo nazionale, spingendo nella descrizione del mondo la propria autoaffermazione.

Nel corso dei secoli, e ovunque attraverso le culture e le regioni della terra, l'arte ha sempre rappresentato una forma di riscatto della moltitudine. Dotata di una capacità generativa, mobile e permeabile, l'opera d'arte, anche nella raffigurazione del potere, e malgrado il potere, riproduce e rilancia l'eterogeneità della storia, anzi, restituisce la fitta tessitura delle storie minori, del tempo particolare, delle vite nascoste all'ombra delle architetture, delle divinità, dei grandi avvenimenti. L'arte è il luogo di un rapporto elastico dove, secondo Aby Warburg, l'uomo si trova "davanti all'immagine come davanti a un tempo complesso, un tempo provvisoriamente configurato, dinamico"[96]. Così come il passo leggero di una ninfa antica e le spire del serpente, anche il passero palestinese di Jarrar è pensabile nei termini warburghiani della 'ritornanza': il *Nachleben* non è una forma che "sopravvive trionfalmente alla morte", ma è una forma che si fa latente nel corso della storia e riappare "molto più tardi, in un momento in cui forse non era più attesa, ed è quindi sopravvissuta nel limbo ancora incerto di una *memoria collettiva*"[97]. All'arte, e a questa virtù di condensarsi come specchio di un tempo che non è la storia narrata dal punto di vista di chi domina, va ascritto quindi un "potere costituente", lo stesso che Negri pone come antitesi al potere costituito: "una produzione duratura di eventi, un dispositivo sempre aperto sull'avvenire"[98], in opposizione alla fissità autoritaria e gerarchica in cui sono caduti gli esiti di tutte le rivoluzioni. Parallelamente il potere costituente dell'arte ha la forza di un impulso, innovativo e universalmente egualitario. Nelle pieghe delle immagini e delle opere giace la stessa forza che si ritrova come motore delle azioni condivise e autenticamente collettive: nelle prime come nelle seconde si deposita il senso più profondo dell'umanità.

Al termine "monumento" possiamo ormai riferire un significato più largo rispetto alle condizioni formali con cui è stato caratterizzato, e anche uno più esclusivo, orientato verso la descrizione di rapporti vitali tra l'artista e la storia, non condizionato da pulsioni identitarie né vincolato dal manifestarsi dei discorsi della gerarchia politica e finanziaria[99]. Questa versione risemantizzata del monumento mantiene vitale il contatto con i processi sociali che si svolgono a monte della sua esistenza e ben oltre il tempo della sua visibilità: così la sua manifestazione rimane problematica, in una definizione dei propri confini continuamente rivisitata. Il flusso di relazioni che si incrociano attraverso il monumento – al suo svelarsi, nel corso della sua presenza, alla sua scomparsa, nella periferia delle sollecitazioni culturali che produce – contribuisce a indicare nuove percezioni dello spazio condiviso, della comunità, della sua capacità di pensarsi. Sfruttando lo sbaragliamento che l'arte mette in moto nel perimetro della collettività si possono riscrivere i vocabolari degli attori e delle azioni, a partire dal nome con cui individuare la comunità per sottrarla alla coazione dell'identificazione immediata, tanto più deviante quanto più è enunciativa. Comunità e memoria collettiva sono due astrazioni che si riflettono l'una nell'altra, e tra di loro corre la stessa relazione che Georges Didi-Huberman riconosce alla figurabilità, come quel ruolo attivo che giace tra la parola e l'immagine. La figurabilità di una comunità nasce dalla sua memoria e questa viene nutrita, con un percorso inverso, attraverso le narrazioni condivise della comunità stessa. La funzione narrativa fertilizza la variabilità dei confini sia della comunità sia della memoria collettiva che, in tal modo, guadagna il vantaggio di una distanza dello sguardo. La narrazione, essendo un principio mobile, incoraggia l'immissione di elementi esterni cha si aggiungono agli strati preesistenti della memoria e la evolvono in dimensioni comprensive di tutte le nuove istanze presenti nella comunità. Il concetto di autonarrazione, o di narrazione condivisa, se utilizzato per definire la geometria di scambi tra la comunità e la memoria, ha il pregio di implicare un fattore di potenziale trasformazione: la molteplicità delle voci che la compongono mantiene in primo piano l'importanza del suo divenire nel tempo, senza ancorarsi agli idoli, potendo consegnarsi alla sintesi salvifica dell'arte. È grazie a questa attitudine che la storia può essere interpretata non solo come "la registrazione sequenziale del tempo che passa, ma piuttosto quella sotterranea che affiora proprio nell'accostamento di frammenti eterogenei rendendo visibile una dialetticità vertiginosa"[100].

L'introduzione dell'autonarrazione, come azione corrispondente alla memoria collettiva, come funzione legittima e necessaria, apre una smagliatura nelle proposizioni pseudoculturali identitarie, quelle che si fondano sull'esclusione e trattengono la memoria per sempre costretta nelle pretese di un mitologico e fasullo passato. L'immagine di una narrazione orizzontale e condivisa dichiara automaticamente una natura plurale e aperta e inclusiva: in forza della propria ambigua autorialità è capace di arricchimenti imprevisti che comprendono ciò che esiste già e lo modificano, rinnovandolo, con tutto quello che di nuovo deve essere preso in considerazione come costitutivo della comunità. La paralisi convenzionale dei discorsi egemonici viene fatta fibrillare fino al collasso, e da qui nascono nuovi nomi, nuove parole, nuovi luoghi che possono venire abitati dalla memoria (autenticamente) collettiva. L'autonarrazione condivide implicitamente i processi di una contro-narrazione: lo dimostra la sua applicazione alle compagini sociali eterogenee in cui i gruppi minoritari (culturali, nazionali, religiosi, di genere, eccetera) non possono contare quasi mai su una delega, ufficiale o informale, che li rappresenti sul piano in cui vengono forgiate le narrazioni prevalenti. La leggibilità del loro contributo, trasversale, puntiforme o compatto, è già sintomo di una composizione meticcia, non autorizzata, che si fa spazio con i propri suoni, o viene coinvolta dal contesto, nella redazione spontanea della comunità come memoria collettiva.

È chiaro che la così detta narrazione autorizzata, quella dei regimi o semplicemente delle versioni ufficiali, agisce direttamente sulla sfera del visibile con un elementare gioco di spostamenti attraverso la linea che separa l'evidente dal taciuto, il generale dal dettaglio, il comune dall'eccezionale, differenziando i termini del discorso in base al proprio disegno, senza diritto di replica per altri interlocutori. La protesta sociale, nei termini del dissenso e dell'insorgenza, intraprende micronarrazioni specifiche e spesso sfrutta proprio lo scambio sul piano del visibile, a volte sovraesponendosi a volte enfatizzando la propria assenza, la fragilità, lo scarto dimensionale nel contrasto al potere; oppure nega il visibile e il trasferimento di responsabilità, come avviene nella dinamica dei monumenti a scomparsa.

A Budapest è in corso una contestazione che nasce proprio attorno a un monumento di segno classico, posto su un piedistallo, condizionato dall'ossessione del visibile, e che ha sollevato un'urgenza di narrazioni alternative a correzione di una lettura deviante della storia nazionale. L'attuale governo ungherese, in più occasioni accusato di politiche illiberali, discriminatorie verso le minoranze e lesive dei diritti umani[101], ha deciso unilateralmente di realizzare un monumento dedicato *alle vittime dell'occupazione tedesca*. Come destinazione è stata scelta Piazza della Libertà, dove già sorge un lugubre, e discusso, memoriale ai soldati sovietici caduti nel liberare l'Ungheria dal nazismo. Il monumento incornicia in una teoria di colonne tronche, coronandola con un frontone in alluminio, una statua in bronzo dell'arcangelo Gabriele, emblema dell'Ungheria, raffigurato mentre cerca di difendere la propria sovranità dall'aquila imperiale tedesca, in metallo brunito, che lo sovrasta pronta a ghermirlo. La controversia nasce dal fatto che il paese era alleato con la Germania di Hitler e che l'occupazione militare fu pattuita tra le due nazioni per contrastare il fronte con l'Unione Sovietica; questo carattere concordato dell'occupazione è provato da come il governo ungherese e tutti i suoi apparati non vennero alterati all'indomani della così detta invasione. Il monumento è un vistoso sforzo dell'attuale partito di maggioranza di riscrivere il passato nazionale, negando le responsabilità dell'Ungheria nella guerra, in tutti i crimini commessi dal nazismo e nella deportazione di ebrei, omosessuali, rom e altri cittadini ungheresi. Di fronte a questo travisamento dei fatti, già all'annuncio della realizzazione del monumento, nel 2014, si sono costituiti numerosi comitati di cittadini per reclamare un confronto scientifico e trasparente sulla propria storia, rifiutando la semplificazione innocentista del monumento e chiamando a testimone ideale la memoria di tutte le vittime[102]. La resistenza civile di intellettuali, semplici cittadini, esponenti della comunità ebraica e parenti delle altre vittime sta dando vita da mesi a uno spietato contromonumento che si rinnova giorno dopo giorno, con fotografie, documenti storici e ricordi, tutti appesi a un filo spinato che fronteggia il monumento. Iniziata nel febbraio 2015, la protesta non ha esaurito il proprio impulso e oppone le ragioni dell'equità, dell'obiettività, del bisogno di condividere i lasciti della storia anche quando scomoda. Dall'altro lato si compie un abuso con gli strumenti di sempre: la scelta unilaterale che ignora la pluralità e, nella sintesi del bronzo monumentale, revisiona la storia, tradisce la memoria[103]. Non sorprende, quindi, che un monumento così assertivo, e formalmente appiattito sulla rappresentazione di simboli nazionali, sia sorto per volontà di un governo fortemente conservatore e poco incline a riconoscere che la dimensione pubblica debba essere edificata da quella complessità di elementi che convergono nella presenza dei cittadini e nell'astrazione di uno stato nazionale, (in questo caso, paradossalmente, multietnico e xenofobo). La contestazione del memoriale ungherese mette in evidenza il desiderio delle comunità di essere parte della definizione della narrazione che le descrive, e quanto sia pericolosa l'astensione, la scelta di non interferire nelle azioni autoritarie. La forza della protesta ungherese trae vigore dalla continuità di una memoria trasmessa attraverso il dialogo, il racconto orale, la sopravvivenza di testimoni diretti ancora capaci di dichiarare sul territorio la propria versione dei fatti, ma si compie soprattutto grazie a una cittadinanza non supina che esige un ruolo attivo, consapevole che "la storia rappresentata da una statua è una chiusura che inibisce l'immaginazione di future alternative, negando la possibilità di passati alternativi"[104].

Nel progetto *Tiza* di Jennifer Allora e Guillermo Calzadilla, invece, la protesta si auto-organizza a partire dalla semplice presenza degli strumenti messi a disposizione. Il duo portoricano, tra il 1998 e il 2006, ha installato in tre piazze di altrettante capitali (New York, Parigi e Lima) dodici cilindri di gesso bianco, colonne di un monumento scomparso e ora lasciate al suolo in attesa di dissolversi nel corso di breve tempo, come sovradimensionati gessetti scolastici per scrivere sulla lavagna e sui muri. In Perù i gessi sono stati collocati di fronte agli edifici del governo ispirando nei cittadini l'abbrivio di una protesta in forma di accuse tracciate sulla pavimentazione scura della piazza. L'azione, fuori dal controllo degli artisti, si è evoluta in una improvvisa e pacifica manifestazione che ha richiamato gruppi organizzati e non, con striscioni e poster, fino all'intervento della polizia che ha sequestrato i gessi e ha lavato le scritte.

Le narrazioni condivise traggono sostanza dalla partecipazione alla responsabilità del significato che si conferisce allo spazio pubblico, ai simboli che lo costellano e al modo in cui questi vengono eletti nella moltitudine di istanze espresse da cittadini vecchi e nuovi, e con diversi punti di vista. Un'idea porosa della narrazione contrasta l'automatismo della rivalsa che si radica, invece, nella solitudine di quella memoria collettiva forzata, in cui lo status di vittima prepara e legittima quello di carnefice. La memoria, come si è visto, è facilmente deformabile nella demagogia nazionalista e, così come in tutti i populismi, coltiva divisioni prosperando sulla semplificazione di un interno e di un esterno, sull'opposizione tra tutto quello che appartiene alla comunità e quello che apparentemente le è estraneo, ostile: lo dimostra la storia europea, dai Balcani ai più recenti populismi xenofobi, lo si verifica nell'odio di casta, di fede, di appartenenza nazionale in tutto il subcontinente indiano e in Indocina, lo ricorda ogni giorno la politica di occupazione israeliana, lo dimostra la narrazione internazionale concernente il conflitto rwandese tra Hutu e Tutsi, dove i primi sono definitivamente considerati persecutori e i secondi oppressi. Una partizione che dimostra di ignorare i continui ribaltamenti di supremazie in quella regione africana e, soprattutto, non tiene in nessuna considerazione la gravità della responsabilità dell'Europa coloniale, prima tedesca e poi belga. Quest'ultima mise in atto un'etnicizzazione forzata e priva di fondamento, che ha animato la contrapposizione tra i due gruppi. Ancora oggi in Rwanda si lavora a una ricomposizione della memoria basata sulla presunta ereditarietà della condizione di vittime, del ruolo di eroi, di quello di assassini, che invece di curare le lacerazioni rinforza il sentimento di contrasto e di separazione. La separazione andrebbe invece operata tra l'indottrinamento, persuasivo e spesso mendace, e la capacità di sentirsi parte creativa e non ripetitiva di una scrittura comune: e uno strumento è l'arte, la facoltà di contemplarla, osservarla criticamente, comprenderne il valore e capire fino in fondo in che misura riguarda ognuno di noi.

Implicazioni altrettanto drammatiche riguardano gli eredi della diaspora africana, attuata con la tratta degli schiavi, come anche quella indiana e quella asiatica, avvenute verso le patrie coloniali europee, il nord America, i Caraibi, il Brasile. Vivendo al di qua di una faglia che interrompe il senso della loro continuità con la storia, gli eredi della diaspora hanno due possibilità: o l'adozione dei miti e dei monumenti trasmessi dalle nuove patrie, rispetto ai quali è inevitabile nutrire un sentimento di estraneità, oppure il concepimento creativo di un orgoglio basato sui sentimenti di questa distanza, storica e geografica, una ricerca che si esprime attraverso l'indagine filologica, l'esame degli archivi e, soprattutto, con l'invenzione di immagini e di linguaggi che dichiarano una nuova origine, nata dalla fusione in cui sono immersi. Le culture e le lingue creole sono tra i sintomi più complessi della necessità di creare una memoria alternativa a quella coloniale ma non scollegata dall'incidenza che il colonialismo ha avuto. Nelle fantasticherie dei personaggi di *Texaco*, il romanzo di Patrick Chamoiseau che racconta un secolo e mezzo di storia della Martinica attorno alla fondazione di un quartiere ai margini della città e della legalità, alla domanda *"c'est quoi la mémoire?"* sgorga la risposta "è la colla, lo spirito, la linfa, è tutto quello che rimane. Senza memorie niente città, niente quartieri, niente palazzi [...]. Tutte le memorie, anche quelle che trasportano il vento e i silenzi della notte. Bisogna parlare, raccontare, raccontare le storie e vivere le leggende"[105]. La memoria corale dei neri ex-schiavi, fusa con quella degli immigrati indiani, siriani, cinesi, africani, con quella dei padroni, vecchi e nuovi, i bianchi e mulatti, alimenta la forma della città creola che "parla un linguaggio nuovo e non teme più Babele".

Temporaneo, condiviso, deperibile e ribelle

L'espressione antimonumentale, come contestazione del controllo sulla memoria e sull'immaginario, può venire descritta da esperienze che condividono tra loro alcune caratteristiche. La temporaneità, innanzi tutto, la non permanenza della forma, o la sua ablazione totale, perché la persistenza del visibile è già un impianto coercitivo, che si impone sul presente e sul futuro, e nega la possibilità partecipativa da parte della comunità. Il monumento condiviso è per sua natura deperibile, smembrabile, o intercambiabile in tutte o in alcune delle sue parti: è la rappresentazione del tempo che cambia e non di quello immoto e imperativo, inchiodato dalla fissità del potere, a dispetto del mutare dei suoi interlocutori e di tutto il tessuto attorno a esso. Temporaneità e degradabilità sono conseguenza della coralità della contro-narrazione, e sono simmetriche rispetto all'ordine del monumento emanato dal potere: è come se il debole (il suddito, il sottomesso) minasse gli strumenti di chi con le proprie regole, con la coercizione, impone paradigmi di comportamento. C'è in tutto questo un'attitudine dissidente che ogni forma di potere avverte come minacciosa.

Le effigi tradizionali, si è visto, si riferiscono quasi sempre in modo diretto alla violenza di una guerra, di una conquista o ai loro protagonisti (i carnefici, le vittime): "una monumentalizzazione della violenza innegabile soprattutto quando vuol presentare i conquistatori come uomini di pace"[106]. È l'apparizione di una polarizzazione radicale e trascendente la storia (una dicotomia definitiva tra i vincitori e i vinti, gli esclusi e gli integrati, i buoni e i cattivi), che situa le effigi così contrassegnate in una posizione di rischio. Infatti, ogni monumento può diventare "così potentemente simbolico al punto che qualcuno acquisisce un legittimo interesse a distruggerlo"[107]. È accaduto nella storia recente nelle repubbliche sovietiche, con l'ecatombe dei monumenti ai capi di stato e ai padri del comunismo, demoliti nel corso di vere e proprie celebrazioni popolari, ed è accaduto nell'Iraq di Saddam Hussein, negli ultimi passaggi di una concatenazione organizzata da un regia con interessi tutt'altro che locali[108]. La drammaturgia esemplare di questo tipo di rovesciamento (la "tragedia perfetta" analizzata da Gerald Raunig)[109] si svolge al tempo della Comune parigina del 1870, e vede il coinvolgimento di un artista come Gustave Courbet che vi partecipò attivamente e formalmente come consigliere. La scena si svolge in Place Vendôme e ha come protagonista la colonna voluta da Napoleone I, realizzata con il metallo dei cannoni sottratti agli eserciti nemici, e sovrastata da una statua dell'imperatore come Cesare[110]. La statua, fusa dai Borboni nella restaurazione nel 1814, venne rimpiazzata nel 1831, sotto il re borghese Luigi Filippo, con una versione di Napoleone come soldato e, nel 1863 per volontà di Napoleone III, con un'altra interpretazione, ancora più grandiosa e imperiale. La *Colomne d'Austerlitz* concentrava così il militarismo del primo impero e quello del secondo, del quale rifletteva il preciso disegno di espansione coloniale. Courbet, nel ruolo di presidente della commissione per la protezione dei monumenti, diede impulso alla rimozione definitiva della colonna, con il piano di sostituirla con una nuova che avrebbe dovuto essere coronata da una effigie della libertà. La parabola dell'artista che si batte contro l'ingerenza dei poteri nell'autonomia creativa (a partire dal Pavilion du Realisme del 1855, fino al rifiuto della Croce della Legion d'Onore, offertagli da Napoleone III), sfuma qui in una mozione iconoclasta, e riassume il senso di ogni attacco verticale, agito da posizioni di potere. La demolizione della colonna venne interpretata come "una azione collettiva, un eroismo antigerarchico, una riappropriazione dello spazio spontanea e autogestita [...], uno spontaneo gesto performativo nato dalla forza produttiva di un potere costituente", ma invece, conclude Raunig, fu "un evento di massa simbolico e ben organizzato da parte di un potere già costituito, un gesto grandioso in continuità con una lunga tradizione di vandalismo a spese della colonna"[111].

La stessa accumulazione di valore simbolico che dà impulso alla volontà di distruzione si trova, in periodi di crisi e di cambiamenti sociali, nell'eccesso di salvaguardia dei monumenti. Animato da ispirazioni protezionistiche e conservatrici, un malinteso sentimento purista può arrivare a isolare i monumenti rispetto al tessuto urbano o a ripristinarli in una presunta originalità, al punto da separarli completamente dalle comunità locali che vi hanno stratificato il proprio passaggio e il proprio sentimento di appartenenza. La mobilità semantica dei monumenti è stata l'oggetto di un articolato progetto del collettivo Chto Delat (in russo 'Che fare')[112], composto da artisti, filosofi e scrittori, il cui lavoro punta all'incontro tra arte, attivismo e pensiero politico. Nel 2014, il gruppo pietroburghese ha lavorato al progetto *Face to Face with the Monument*, realizzato nella Schwarzenbergplatz di Vienna dove si trova un monumento ai soldati dell'Armata Rossa caduti nella liberazione della città, esempio emblematico della retorica del realismo socialista; il collettivo ha trasformato la piazza in un vero e proprio forum con installazioni, incontri e laboratori in seno ai quali è nato il magazine *What is monumental today?* che raccoglie contributi diversi per una tassonomia della monumentalità alternativa, con esempi di oltranzismi conservatori e iconoclasti, progetti artistici, provocazioni, precedenti storici della performance, azioni spontanee, reazioni repressive, ascese e cadute.

È quasi inevitabile, dunque, che anche una riproduzione eretica dello schema verticale del dominio, come le espressioni del contromonumento e delle narrazioni condivise, venga interpretata come fuorviante, aberrante, e venga talvolta contrastata con gli stessi strumenti e con il solo linguaggio che l'ordine del comando ha a disposizione: il divieto, la negazione e la costrizione. È interessante a tale proposito il confronto tra le esperienze di alcuni artisti e la creatività che contraddistingue i movimenti no global. Questi, ricorda David Graeber, utilizzano molto spesso enormi pupazzi, creati con materiali effimeri e senza nessuna aspirazione formale: il mega fantoccio (con i tratti dei capi di Stato, con le forme di un maiale a simboleggiare il Fondo Monetario Internazionale) è la derisione dell'idea usuale di monumento e del dispositivo che incarna: "l'incolmabile distanza, la monocroma solennità, e soprattutto la sottintesa stabilità, il tentativo da parte dello stato di trasformare la propria storia e i propri principi in verità eterne"[113]. I pupazzi colorati che appaiono nei cortei no global e in altre sfilate pacifiche hanno vita brevissima (a volte distrutti dagli stessi manifestanti, in un abbattimento simbolico della personalità che raffigurano, più spesso perché sono l'inspiegabile obiettivo sul quale si accaniscono le forze dell'ordine) e sono il risultato di una autorialità di gruppo, disposta a impiegare il proprio ingegno e la propria forza per l'obiettivo di un'autorappresentazione temporanea.

Dai primi anni Sessanta i giganteschi e sproporzionati fantocci realizzati in cartone e cartapesta sono la firma del Bread and Puppets Theater[114], gruppo fondato a New York da Peter Schumann. La compagnia non profit segna il punto di contatto tra l'attivismo (in particolare, alle sue origini, il pacifismo e le dimostrazioni contro la guerra in Vietnam) e alcune estetiche del contemporaneo che rimodellano l'immaginario popolare e dell'infanzia per una rilettura del rapporto tra il consumo e l'abuso. Mike Kelley è l'artista che più ha approfondito l'ambiguità di bambole, *peluches* e pupazzi partendo dalle loro caratteristiche di presunta neutralità (dono, giocattolo, oggetto destinato all'infanzia) per evidenziare gli elementi perturbanti che vi si celano. In particolare, gli "*stuffed animals* di Kelley sono sporchi [...], a causa dell'utilizzo, del consum(ism) o" e rivelano l'anomalia, patologica, del rapporto che innescano quando "si trasformano in feticci, alimentando una patologia regressiva"[115]. Pupazzi artigianali, realizzati con abiti usati e altri materiali di fortuna, ricorrono anche nel lavoro dell'artista russa Gluklya, fondatrice nel 1995 di The Factory of Found Clothes[116], che coniuga la teoria delle rivendicazioni dei gruppi minoritari e discriminati con la ricerca di forme e slogan che incarnano le radici della protesta sociale. Presenti nelle maggiori biennali, quasi sempre in contenitori protetti dal recinto simbolico del mondo dell'arte, le opere di Gluklya richiamano l'impegno politico dell'avanguardia russa ma specificano, come viene dichiarato nel manifesto di FFC, che "the place of the artist is on the side of the weak". Le installazioni, i video e le performance di Gluklya, come *Clothes for the demonstration against the false election of Vladimir Putin*, presentato nel 2015 alla Biennale di Venezia, fanno circolare le ragioni degli oppressi in arene internazionali ma sterili, dove il senso critico dello spettatore mediamente evita il collegamento empatico con la protesta illustrata dagli abiti e dai fantocci creati dall'artista e dai visitatori coinvolti, e tende a confondere il senso di questa connessione con la semplice forma che ne è il veicolo.

Gli spazi ufficiali dell'arte hanno il limite di intercettare un pubblico quasi esclusivamente composto da addetti ai lavori e questa omogeneità, osservata in una prospettiva più generale, è leggibile come una neutralizzazione, un fallimento vero e profondo dei musei e delle mostre permanenti. Si tratta, secondo Charles Esche, del "pubblico che meno facilmente verrebbe trasformato da un'opera d'arte, poiché possiede già una rigida esperienza di quello che l'arte può fare nel mondo"[117]. Nell'accadere fuori da questi spazi, invece, l'arte si compone attraverso tragitti di creazioni immaginifiche spontanee che riprendono i meccanismi di ritualità pagane in cui la collettività si riappropria della centralità che spetta alla creazione di immaginario. Non è raro che in condizioni eccentriche – là dove la tradizione, con la sua immobilità raffazzonata, non si è ancora sostituita alla storia con la sua capacità trasformativa, comprensiva del passato e incentrata nel presente – l'arte assuma, anche suo malgrado, la funzione di un aggregatore sociale. È una propulsione creativa che dichiara la lontananza dal sistema, e da questa posizione denuncia i meccanismi di potere ai quali le comunità si sottraggono. Bisogna tener presente che in tutti questi casi la società non chiede niente all'arte e l'arte non cede nulla della sua singolarità auratica. Lo scambio avviene su un altro piano: è la comunità, con la sua esistenza, la sua vita densa e contrastata, piena di sbavature e inesattezze, la sua lingua antica che si trasforma, è lei a valorizzare l'arte e non viceversa. E da questo incontro la comunità, a sua volta, trae strumenti ottici attraverso i quali osservare se stessa, recuperando delle storie e a volte scoprendole, convivendo a fianco dell'artista che condivide gli esiti della sua ricerca – nelle forme e nelle azioni in cui si manifesta l'opera - ma mantiene il proprio disegno autoriale difendendolo dal rischio di farlo diventare qualcosa che non è arte. In questo incontro, in un luogo da individuare tra la vocazione egualitaria e anarchica dei movimenti di protesta organizzati e la pedagogia condiscendente della maggior parte delle proposte di arte partecipativa, in questo luogo che si nutre in parte dell'una e dell'altra pratica, pur non somigliando a nessuna delle due, si delinea con difficoltà il senso dell'arte nella sfera pubblica, come possibilità della forma, come configurazione resistente, come alternativa all'assoggettamento al capitale e ai suoi travestimenti.

La natura instabile e temporanea di questi incontri ne certifica in qualche modo la qualità, il rifiuto a lasciarsi inquadrare, l'impossibilità di farli coincidere con i modelli derivati da quelle strutture ai quali l'arte tende a sottrarsi. Tornando al paragone con i *puppet* dei no-global e alla loro caducità, è utile ricordare come in tutte le feste pagane il feticcio venga distrutto o sacrificato perché, invece di fondarsi sulla continuità di un regime, la pulsione creativa ed enigmatica di ogni comunità complessa ha bisogno di rinnovare continuamente (o periodicamente) il patto con i propri interlocutori: così l'arte, e gli artisti, disperdono nell'ampiezza di orizzonti e traduzioni non misurabili le fisionomie delle proprie sintesi.

L'arte diventa, in tal modo, vigorosa, capace di portare un'istanza di ribellione espressa come sfiducia verso il potere e non come desiderio verso di esso. Le narrazioni collettive così descritte non ambiscono a percorrere l'ellisse di quelle rivoluzioni che portano alla sostituzione di nomi nell'avvicendamento dei vertici del governo locale e globale; il loro costeggiare con sospetto gli inganni emanati dalla cultura mediatica e pop (e talvolta metabolizzati nella progettualità di alcuni artisti) dimostra come l'arte e le mimesi dell'intrattenimento siano di fatto incompatibili: l'arte può solo mettere in discussione la mimesi, o lasciarsene fiaccare. La prima non promette niente al di fuori del suo accadere, la seconda invece fa sperare nel piacere immediato della normalità, e appiattisce l'aspirazione all'originalità di ogni narrazione condivisa.

1. La parola monumento rimane pressoché invariata in tutte le lingue romanze; nelle altre lingue europee è sempre evidente l'aderenza alla nozione di memoria: nelle lingue scandinave è tradotto sempre come *monument*, mentre in islandese è *minnismerki* (*minni* è 'memoria'); nelle lingue slave del sud Europa è *spomenik* (dove *spome* è 'memoria'); in russo *памятник* (pamyatnik) da *память* (pamyat), 'memoria', in polacco *pomnik*, in slovacco *pamätník*. Nelle lingue ugrofinniche: ungherese *emlékmű*, da *emlék*, 'memoria'; in filandese *muistomerkki*, da *muist*. In albanese è *monument*, in basco è *monumentua*.

2. *Der moderne Denkmalkultus. Sein Wesen und seine Entstehung* venne pubblicato in Austria nel 1903 come strumento di accompagnamento al progetto legislativo per la tutela dei monumenti, emesso dalla Commissione di cui Riegl era presidente. Dopo oltre un secolo dalla sua pubblicazione il saggio di Riegl costituisce un testo cardine per la teoria dei monumenti basata sulla individuazione dei loro valori intrinseci e relativi [trad. it. Sandro Scarrocchia (a cura di), *Il culto moderno dei monumenti. Il suo carattere e i suoi inizi*, Abscondita, Bologna 1981, p. 11].

3. L'anomalia è dovuta al fatto che Lutèro inventò *Denkmal* nel 1523 nella sua traduzione del Vecchio Testamento; cfr. Robert S. Nelson, Margaret Olin (a cura di), *Monuments and Memory, Made and Unmade*, The University of Chicago Press, Chicago - Londra, 2003, p. 4; sulle sfumature semantiche di *Mahnmal* e *Denkmal*, cfr. Andrea Pinotti, *Antitotalitarismo e Antimonumentalità. Un'affinità elettiva*, in Piretto (a cura di), *Cit.*, 2014, pp. 17-20.

4. La portata dei cambiamenti fisici nelle città italiane nel XV secolo può essere considerata modesta al confronto con i grandi cantieri del Medio Evo e con le imponenti trasformazioni dei secoli seguenti. Con le dovute eccezioni, sia nelle città esistenti sia in quelle di fondazione, come Palmanova in provincia di Udine e Sabbioneta in provincia di Mantova, città-fortezza a impianto centrale, l'innovazione riguarda soprattutto la concezione stessa della città: "un elemento importante che influì sullo stile della forma urbana quattrocentesca è costituito dai cambiamenti della forma di governo. Nel periodo che intercorre tra il 1300 e il 1700 il potere va progressivamente concentrandosi in poche mani"; Nichola Adams, Laurie Nussdorfer, *La città in Italia tra il 1400 e il 1600*, in Henry A. Millon, Vittorio Magnago Lampugnani (a cura di), *Rinascimento da Brunelleschi a Michelangelo. La rappresentazione dell'architettura*, Bompiani, Milano 1994, p. 205.

5. Si pensi alle tre tavole che rappresentano prospettive architettoniche e città ideali conservate a Urbino, Berlino e Baltimora, tutte riferite a un anonimo Artista dell'Italia centrale, come anche alle architetture a pianta centrale sugli sfondi de *La consegna delle chiavi* e de *Lo Sposalizio della Vergine* di Pietro Perugino e nell'omonima pala d'altare dipinta da Raffaello Sanzio, e si pensi agli interni raffigurati nelle opere di Piero della Francesca, di Ghirlandaio, dei pittori senesi, dei ferraresi.

6. Sulla coincidenza tra forma della città e espressione del potere centrale cfr. il mio saggio *Quello che le rovine permettono (non nel tempo ma nello spazio)*, in Eva Sauer (a cura di), *A Meditation on Violence*, in corso di pubblicazione.

7. Cfr. Michel Foucault, *Cit.*, 1975; il panopticon, costituito da una struttura elementare a raggi connessi otticamente a un cilindro centrale, permetteva di ottenere la massima vigilanza da parte di un ridotto numero di guardiani.

8. La compilazione del diritto romano pubblicata tra il 529 e il 534 d.C.

9. Franco Farinelli, *La crisi della ragione cartografica*, Einaudi, Torino 2009, p. 14.

10. Elena Pirazzoli, *Disumana e quotidiana. La scala monumentale del nazismo*, in Piretto (a cura di), *Cit.*, 2014, p. 119.

11. Igor Golomstock, *Totalitarian Art in the Soviet Union, the Third Reich, Fascist Italy and the People's Republic of China*, HarperCollins Publishers, New York 1990 [trad. it. *Arte totalitaria nell'URSS di Stalin, nella Germania di Hitler, nell'Italia di Mussolini e nella Cina di Mao*, Leonardo Editore, Milano 1990, p. 13].

12. *Ivi*, p. 54.

13. Cfr. Hannah Arendt, *The Origins of Totalitarianism*, 1951.

14. Golomstock, *Cit.*, 1990, p. 131.

15. Nelson, Olin (a cura di), *Cit.*, 2003 p. 2.

16. Cfr. Pietro Gaglianò, *The Invention of Memory*, in Agence Borderline (a cura di), *Keep your feelings in memory*, Agence Borderline, Luxembourg 2014, p. 11.

17. Albert Speer, *Erinnerungen*, 1970 [trad. it. *Memorie del Terzo Reich*, Mondadori, Milano 1976].

18. Hal Foster, *1937*, in Hal Foster, Rosalind Krauss, Yves-Alain Bois, Benjamin H.D. Buchloch, *Art since 1900. Modernism, Antimodernism, Postmodernism*, Thames & Hudson, Londra 2004, p. 284.

19. *Ibidem*.

20. Golomstock, *Cit.*, 1990, p. 156.

21. A pochi mesi di distanza inaugurano a Monaco le due esposizioni che avrebbero dovuto chiarire alla Germania e al mondo intero l'idea di supremazia dell'arte tedesca e la sua divergenza dalla cultura modernista: la "Grande mostra dell'arte tedesca" e la mostra "Arte degenerata". Quest'ultima raccoglieva più di 650 opere di 112 artisti colpevoli, secondo le parole Joseph Goebbels, ministro della propaganda nazista, di "insultare la sensibilità tedesca, distruggere e confondere la forma naturale". Tra loro c'erano Otto Dix, Vincent Van Gogh, Vasilij Kandinskij, Paul Klee, Piet Mondrian. Cfr. Stephanie Barron (a cura di), *"Degenerate Art". The Fate of Avant-Garde in Nazi Germany*, Los Angeles County Museum of Art, Los Angeles 1991.

22. Walter Benjamin, *Kunstwerk im Zeitalter*

seiner technischen Reproduzierbarkeit, 1936 [trad. it. *L'opera d'arte nell'epoca della sua riproducibilità tecnica*, Einaudi, Torino 1966-2000, p. 56, nota 32].

23. *Ivi*, p. 46.

24. Walter Benjamin, *Über den Begriff der Geschichte*, 1940, pubblicato in *Schriften*, Suhrkamp Verlag, Francoforte 1955 [trad. it. *Tesi di filosofia della storia*, in *Angelus Novus*, Einaudi, Torino 1962-1995, p. 849].

25. Gaglianò, *Cit.*, 2014b, p. 11. Il calendario rivoluzionario sovietico rimase in vigore per poco più di dieci anni, tra il 1929 e il 1940, con un'applicazione per lo più discontinua e spesso disattesa in molte regioni.

26. Alla liquidità del tempo lavorativo nell'epoca del capitalismo finanziario è dedicato il lavoro della lussemburghese Claudia Passeri *Mangia Mina*, con foto e installazioni che connettono gli operai degli anni Trenta e i colletti bianchi del secolo presente, e con il mio contributo, il testo *Time and Sweat*, in forma di spazializzazione sonora (Lussemburgó, 2015).

27. Cfr. Eyal Sivan, *Quando la memoria è al servizio della violenza politica*, in Elisabetta Galasso, Marco Scotini (a cura di), *Politiche della memoria. Documentario e archivio*, DeriveApprodi, Roma 2014.

28. Laura Boella, *Il coraggio dell'etica. Per una nuova immaginazione morale*, Raffaello Cortina Editore, Milano 2012, p. 25.

29. Cfr. Gaglianò, *Cit.*, 2014b: Poco importa che Milena nel 1944 muoia nel campo di concentramento. La testimonianza trasmessa dalla sua biografa (Margarete Buber-Neumann) e la sua presenza al cospetto delle compagne di prigionia rappresenta una conquista più alta, una salvezza del tutto laica che trascende il destino individuale.

30. "Più è potente la vostra immaginazione, meglio riuscirete a sentire cosa prova un essere che soffre, e più intenso, più delicato sarà il vostro sentimento morale", cfr. Pëtr Kropotkin, *La morale anarchiste*, 1889.

31. Debord, *Cit.*, 1967-1992, p. 13.

32. Cfr. Andrea Fumagalli, *Bioeconomia e capitalismo cognitivo, Verso un nuovo paradigma di accumulazione*, Carocci Editore, Roma, 2007; Christian Marazzi, *Capitale & linguaggio, Ciclo e crisi della new economy*, Rubbettino, Soveria Mannelli 2001.

33. Jean Baudrillard, *L'échange symbolique et la mort*, Éditions Gallimard, Parigi 1976 [trad. it. *Lo scambio simbolico e la morte*, Feltrinelli Editore, Milano 1990, p. 78].

34. Marco Scotini, *Governo del tempo e insurrezione delle memorie*, in Galasso, Scotini (a cura di), *Cit.*, 2014, p. 8.

35. L'*open space* si sostituisce, secondo la definizione di Michel Foucault ripresa da Gilles Deleuze, al panopticon che caratterizza la società del controllo; cfr. Michel Foucault, *Cit.*, 1975; Michel Foucault, *Sécurité, Territoire, Population. Cours au Collège de France. 1977-1978*, Gallimard/Seuil, Parigi 2004; Gilles Deleuze, *Foucault*, Editions de Minuit, Parigi 2004; Hardt, Negri, *Cit.*, 2000.

36. Lewis Mumford (1895-1990), sociologo e urbanista, ha elaborato la definizione di "mega-macchina" per descrivere le strutture sociali organizzate per lo sfruttamento degli uomini, fondate sulla gerarchia, sulla tecnologia, sulla disumanizzazione e sulla spersonalizzazione degli individui. Il concetto viene sviluppato principalmente in *Technics and Civilization*, Harcourt, Brace and Co., New York 1934; *The Myth of the Machine*, vol I: *Technics and Human Development*, Harcourt, Brace and Co., New York 1967; vol. II: *The Pentagon of Power*, Harcourt, Brace and Jovanovich, New York 1970.

37. Hardt, Negri, *Cit.*, 2000, p. 39.

38. Scotini, *Cit.*, 2014, p. 10.

39. Iosif Aleksandrovič Brodskij, nato a Leningrado nel 1940, emigrato nel 1972, morto a New York nel 1996, ha ricevuto il premio Nobel per la letteratura nel 1987.

40. Iosif Aleksandrovič Brodskij, *Less Than One: Selected Essays*, Farrar, Straus and Giroux, New York 1986 [trad. it. *Fuga da Bisanzio*, Adelphi, Milano 1987, pp. 21-22].

41. Benjamin, *Cit.*, 1936-2000, p. 46.

42. Cfr. Paul Virilio, *La Bombe informatique*, Éditions Galilée, Parigi 1998.

43. Cfr. Pierre Clastres, *La question du pouvoir dans les sociétés primitives*, 1976 - Editions du Seuil, Parigi 1980.

44. Étienne de La Boétie, *Discours de la servitude volontaire*, 1549- 1574 [ed. cons. Flammarion, Parigi 1993].

45. David Graeber, *There never was a West. Democracy emerges from the spaces in between*, AK Press, Oakland, California, USA 2007.

46. Hardt, Negri, *Cit.*, 2000, p. 57.

47. Cfr. David Graeber, *The Democracy Project: A History, a Crisis, a Movement*, Spiegel & Grau, New York 2013 [trad. it. *Progetto Democrazia. Un'idea, una crisi, un movimento*, il Saggiatore, Milano 2014].

48. Gilles Clément, paesaggista, agronomo, entomologo e scrittore, descrive il Terzo paesaggio come uno spazio residuale sottratto all'influenza

dell'uomo e non ancora riassorbito dalla natura, una riserva la cui esistenza "è dovuta al caso oppure a una difficoltà di accesso che rende lo sfruttamento impossibile o costoso", *Manifest du Tiers paysage*, Èditions Sujet/Objet, 2004 [trad. it. *Manifesto del Terzo paesaggio*, Quodlibet, Macerata 2005, p. 7].

49. Non è raro peraltro che alcune manifestazioni di dissenso sfruttino forme e linguaggi mutuati dall'arte.

50. Ana Mendieta, *Art and Politics*, 1982, in Gloria Moure, *Ana Mendieta*, Ediciones Poligrapha, Barcelona 1996, p. 167.

51. Claire Bishop, *Artificial Hells. Participatory Art and the Politics of Spectatorship*, Verso, Londra - New York 2012, p. 12.

52. La partecipazione, infatti, è diventata un'importante parola chiave nelle politiche di inclusione sociale, e per il New Labour come per tutto il riformismo di recente generazione è stata uno strumento efficace per l'eliminazione di soggetti di disturbo, per circoscrivere e neutralizzare singoli elementi perturbanti e gruppi sociali eccentrici: "essere inclusi e poter partecipare alla vita sociale vuol dire essere conformi a un alto standard lavorativo, disporre di un reddito, ed essere autosufficienti", Bishop, *Ivi*, p. 14.

53. Francis Alÿs, *A Story of Deception*, 2006, cit. in Teresa Macrì, *Politics/Poetics*, Postmedia Books, Milano 2014, p. 66.

54. Il mondo del mercato è evocato da un blocco di ghiaccio identico a quelli che solitamente vengono trasportati dai venditori ambulanti per mantenere fresca la merce. In questo costrutto simbolico, in cui un oggetto con una precisa finalità funzionale diventa il vettore di un atto estetico, Alÿs "coglie l'acme del sistema economico capitalistico su cui è impiantata la società moderna nei modi di produzione del lavoro", Macrì, *Cit.*, 2014, pp. 16 e ss.

55. Cfr. Pietro Gaglianò, *La speranza del paradosso*, in Andrea Lacarpia (a cura di), *Praxis*, Dimora Artica, Milano 2015.

56. Macrì, *Cit.*, 2014, p. 11.

57. James E. Young, *The Counter-Monument: Memory against Itself in Germany Today*, in "Critical Inquiry", Vol. 18, n. 2, Inverno 1992, The University of Chicago Press, p. 271.

58. "In Italia la conversione delle gerarchie fasciste nelle forze politiche della Repubblica ha impedito un'analoga chiarezza e questo è visibile ancora oggi nell'immaturità degli schieramenti che si attardano in slogan anacronistici"; Gaglianò, *Cit.*, 2014a, p. 48. È fondamentale ricordare che durante la guerra fredda, nella dinamica di un'opposizione alla Repubblica Democratica Tedesca, la Germania occidentale non sempre si sottrasse allo stesso tipo di conversione, non con assoluzioni collettive ma individuali,

velocizzando i processi agli imputati nazisti, ricollocandoli in posizioni influenti e criminalizzando l'intero sistema giuridico e di governo della Germania Orientale. La diffusione dei monumenti alla Shoah e il *Denkmal-Arbeit*, infatti, si intensificano in prossimità dell'unificazione tra i due paesi.

59. Young, *Cit.*, 1992, p. 270. Una rimozione simile riguarda la memoria di tutte le vittime delle forze dell'ordine, i "suicidati" durante i fermi di polizia, le morti senza spiegazione avvenute in carcere, gli studenti e gli attivisti, di ogni colore politico, rimasti sulle strade durante le manifestazioni. Dove sono, viene da chiedersi, i monumenti a Giuseppe Pinelli e Giorgiana Masi? A Carlo Giuliani e Stefano Cucchi? Ci sono solo poche targhe, spesso pagate e curate dai compagni di lotta o dai familiari, e solo a volte timidamente istituzionali. In molti casi, il riconoscimento di una memorabilità imporrebbe revisioni di sentenze e ammissioni di colpevolezza o connivenza. Pinelli e gli altri vivono però, e questo appare qui pieno di senso, nelle ballate, nelle canzoni, nei graffiti sui muri, in una memoria intangibile ma appassionata, rinnovata in forme mobili da una volontà anonima, collettiva, autentica.

60. *Ivi*, p. 269.

61. Adrian Parr, *Deleuze and the Memorial Culture. Desire, Singular Memory and the Politics of Trauma*, Edinburgh University Press, Edimburgo 2008, p. 146.

62. Young, *Cit.*, 1992, p. 272.

63. Jochen Gerz, riportato da Mark Callaghan, *Invisible Past, Invisible Future: A German's alternative response to the Holocaust*, in "Art Times", novembre-dicembre 2010.

64. Oggi una piccola porzione del pilastro interrato e il testo, tradotto in sette lingue, sono l'unica traccia visibile del monumento.

65. Young, *Cit.*, 1992, p. 279.

66. *Ivi*, p. 288.

67. Cfr. Susan Philipsz, *Study for Strings*, pubblicazione prodotta in occasione di dOCUMENTA (13), Kassel 2012.

68. Adachiara Zevi, *Monumenti per difetto. Dalle Fosse Ardeatine alle pietre d'inciampo*, Donzelli Editore, Roma 2014, p. VII.

69. In occasione della mostra *Die Endlichkeit der Freiheit*, organizzata per celebrare l'abbattimento del muro e la riunificazione della Germania.

70. Young, *Cit.*, 1992, p. 294.

71. Cfr. Leonardo Piasere, *I rom d'Europa. Una storia moderna*, Editori Laterza, Roma-Bari 2004.

72. Per una dettagliata ricostruzione del dibattito che ha accompagnato il concorso di idee e la realizzazione del progetto definitivo per il memoriale si rimanda

alla lettura del capitolo *Un brano di città* nel volume di Adachiara Zevi, *Cit.*, 2014, pp. 39-66.

73. Il campo di Buchenwald fu originariamente destinato alla detenzione di criminali comuni e, soprattutto, di detenuti politici. Qui nel 1944 trovò la morte lo stesso Ernst Thälmann, leader della classe operaia tedesca e segretario del Partito Comunista in Germania.

74. Luca Zenobi, *Reinventare la storia*, in Piretto (a cura di), *Cit.*, 2014, p. 104.

75. Cfr. Pinotti, *Cit.*, 2014, p. 27.

76. Tutto questo senza la minima frizione morale rispetto alla seconda vita di Buchenwald che tra il 1945 e il 1950 venne utilizzato per incarcerare ex nazisti e oppositori anticomunisti.

77. Le lettere K.L.B., che si trovavano anche sull'obelisco, stanno per Konzentrationslager Buchenwald, il nome del lager.

78. All'inizio di questa storia, il primo memoriale a seguire l'estetica di un contro monumento è il *Vietnam Veterans Memorial*, realizzato a Washington nel 1982 da Maya Lin, artista sino-americana, all'epoca giovanissima e del tutto sconosciuta. Il memoriale consiste di un lungo muro di granito nero a forma di V che si inserisce lungo il fianco di un leggero pendio. Sulle lastre di granito sono incisi i nomi dei 57.000 caduti in Vietnam. Collocato tra l'obelisco dedicato a George Washington e il monumento ad Abraham Lincoln, come scrive Adachiara Zevi, "è letteralmente una spina nel fianco della storia americana, eretto a ricordo di una guerra sbagliata e perduta"; *Cit.*, 2014, p. 92. E secondo William J. T. Mitchell, il *VVM* non è solo antimonumentale ma anche e principalmente antieroico: "è una cicatrice, la traccia di una violenza sofferta, e non (come nei memoriali guerra convenzionali) di una violenza inferta nel nome di una causa gloriosa"; all'esatto opposto della bandiera americana piantata a Iwo Jima, la V si riferisce "al Vietnam? Alla Vittoria di Pirro? Ai Veterani? Alla Violenza che hanno subito? […] È possibile infine che indichi la Vagina della madre terra aperta per accogliere i suoi figli", in una femminilizzazione dell'opposizione all'eroismo. "Chi avrebbe mai detto che il trauma nazionale della catastrofica avventura in Oriente degli Stati Uniti sarebbe stato memorializzato dal lavoro di una donna asiatica appena ventunenne?", William J. T. Mitchell, *The Violence of Public Art: «Do the Right Thing"*, in "Critical Inquiry", vol. 16, n. 4, estate 1990, The University of Chicago Press, p. 888.

79. Bishop, *Cit.*, 2012, p. 74.

80. Questa incapacità al dialogo e alla pluralità si riscontra anche nelle aree residenziali, con esiti parossistici nelle *gated communities*.

81. David Harvey, *Rebel Cities. From the Right to the City to the Urban Revolution*, Verso, Londra - New York 2012 [trad. it. *Città ribelli. I movimenti urbani dalla Comune di Parigi a Occupy Wall Street*, il Saggiatore, Milano 2013, p. 89].

82. Cfr. Alessandro Coppola, *Apocalypse town. Cronache dalla fine della civiltà urbana*, Laterza, Roma - Bari 2012.

83. Cfr. Pierre Bourdieu, *Ce que parler veut dire. L'économie des échanges linguistiques*, Fayard, Parigi, 1982; *Raisons pratiques. Sur la théorie de l'action*, Seuil, Parigi, 1994.

84. Harvey, *Cit.*, 2013, pp. 127-128.

85. Cfr. Michael Hardt, Antonio Negri, *Commonwealth*, Harvard University Press, 2009.

86. Cfr. Henri Lefebvre, *Critique de la vie quotidienne, III. De la modernité au modernisme (Pour une métaphilosophie du quotidien)*, L'Arche, Parigi, 1981.

87. David Graeber, *On the phenomenology of Giant Puppets*, 2005-2012 [trad. it. *Fenomenologia dei mega-pupazzi*, in David Graeber, *Oltre il potere e la burocrazia*, eléuthera, Milano 2013, p. 99].

88. Bishop, *Cit.*, 2012, p. 86.

89. In modi diversi il vuoto di Yves Klein, i silenzi di John Cage, i bianchi di Robert Rauschenberg producono un analogo abbandono dello spettatore, ponendolo davanti alla responsabilità di rivedere criticamente la propria posizione, il proprio ruolo, il rapporto da costruire rispetto all'opera e rispetto al contesto.

90. Young, *Cit.*, 1992, p. 284.

91. Cecilia Guida, *Spatial practices. Funzione pubblica e politica dell'arte nella società delle reti*, Franco Angeli, Milano 2012, pp. 80 e ss.

92. Un caso, che senza scostarsi da questa unilateralità, rimette in gioco il monumento tradizionale riguarda il progetto per il Fourth Plinth a Trafalgar Square, Londra, il piedistallo destinato a una statua equestre di Guglielmo IV e vuoto da metà Ottocento, che a partire dal 1998 ospita a rotazione opere di artisti contemporanei. In larga parte critiche nei confronti della politica internazionale e delle stesse scelte governative della Gran Bretagna, le opere esplorano, quasi sempre, il confine tra il regime del visibile e i suoi limiti (la scelta di ogni opera è vagliata da una commissione pubblica, che si avvale del parere di un consiglio di specialisti). Tra gli interventi più interessanti si ricordano l'*Ecce homo* di Mark Wallinger, *Monument* di Rachel Whiteread e *One & Other* di Antony Gormley, gli ultimi due tesi a negare la legittimità stessa del concetto di monumento. Fino al 2016 il quarto plinto accoglie *Gift Horse* di Hans Haacke: uno scheletrico e spettrale ronzino

che rimette al centro il monumento originario a Guglielmo IV (sovrano che si oppose fermamente all'abolizione della schiavitù), indicando l'evoluzione dell'aggressione capitalista verso le forme incorporee della finanza. Su un fiocco posto sulla zampa alzata del cavallo un sistema di led trasmette in tempo reale l'andamento della borsa di Londra.

93. Cfr. Suzanne Lacy (a cura di), *Mapping the Terrain. The New Genre Public Art*, Bay Press, Seattle 1995.

94. Cfr. Suzanne Lacy, *Leaving Art. Writing on Performance, Politics and Public,1974-2007*, Duke University Press, Durham e London 2010.

95. Guida, *Cit.*, 2012, p. 93.

96. Georges Didi-Huberman, *L'image survivante. Histoire de l'art et temps des fantômes selon Aby Warburg*, Editions de Minuit, Parigi 2002 [trad. it. *L'immagine insepolta. Aby Warburg, la memoria dei fantasmi e la storia dell'arte*, Bollati Boringhieri, Torino 2006, p. 40].

97. *Ivi*, p. 66.

98. Antonio Negri, *Il potere costituente: saggio sulle alternative del moderno*, SugarCo, Carnago 1992 - Manifestolibri, Roma 2002, p. 7.

99. Anche nelle prime pagine del *Culto moderno dei monumenti* Alois Riegl specifica che il "senso e il significato dei monumenti non dipendono dalla loro destinazione originaria" ma "sia per i monumenti intenzionali che per quelli involontari si tratta di un valore in quanto memoria"; Riegl, *Cit.*, 1903-1981, p. 16.

100. Daria Filardo, *Noi probabilmente non ce ne accorgiamo, ma abbiamo la testa piena di relazioni*, in Daria Filardo, Aldo Iori (a cura di), *Arte torna Arte*, catalogo della mostra, Giunti, Firenze, 2012, p. 51.

101. ONG come Amnesty International e Human Right Watch, e il Consiglio d'Europa hanno più volte denunciato, con report dettagliati, limitazioni di libertà fondamentali da parte del governo di Viktor Orban.

102. Ancora prima del completamento del monumento, il movimento di protesta aveva ottenuto che venisse cambiata la dedica, inizialmente rivolta all'occupazione dell'Ungheria e ora, più genericamente, alle vittime ungheresi del nazismo.

103. A dimostrazione di quanto l'autorità cada in contraddizione con se stessa, si menziona l'esistenza di un'opera che a poche centinaia di metri, su una banchina lungo il Danubio, ricorda i cittadini ungheresi trucidati e gettati nel fiume dai miliziani delle croci frecciate, il partito nazista ungherese. L'opera di Gyula Pauer con Can Togay si compone di decine di scarpe in bronzo a grandezza naturale, da uomo e da donna, che sembrano appena abbandonate nella violenza dell'esecuzione. Un paradossale corollario alla vicenda di Piazza della Libertà è nelle dichiarazioni degli esponenti dell'estrema destra in parlamento che reclamano l'erezione di un monumento dedicato alle vittime del comunismo. Di rivendicazione in rivendicazione la coscienza collettiva di una nazione si avvolge attorno all'accusa continua verso i nemici del passato e alla coltivazione del senso di appartenenza della comunità alla storia.

104. Miles, *Cit.*, 1997, p. 50.

105. Patrick Chamoiseau, *Texaco*, Gallimard, Parigi 1992, p. 197.

106. Mitchell, *Cit.*, 1990, p. 886.

107. Nelson, Olin (a cura di), *Cit.*, 2003, p. 205.

108. La bandiera americana con cui il *marine* cerca di incappucciare la titanica statua del dittatore durante il suo abbattimento, registrato in un celebre video di repertorio ora negli archivi della Associated Press, chiarisce molto più di qualsiasi analisi politica i reali interlocutori impegnati in questa guerra per la democrazia.

109. Gerald Raunig, *Kunst und Revolution. Künstlerischer Aktivismus im langen 20. Jahrhundert*, Vienna 2005 [trad. in. *Art and Revolution. Transversal Activism in the Long Twentieth Century*, Semiotext(e), Los Angeles, 2007, pp. 97 e ss.].

110. Questo permette di evidenziare una mistificazione (parallela a quella di cui si scrive nel capitolo successivo) legata alla presa del potere da parte di Ottaviano Augusto, primo imperatore romano, che per legittimare se stesso rivendicò l'ascendenza con Giulio Cesare, come padre nobile di una rifondazione politica che dissolse in modo definitivo la forma repubblicana.

111. Raunig, *Cit.*, 2007, p. 107.

112. Il nome del collettivo è ispirato all'omonimo romanzo ottocentesco di Nikolaj Černyševskij e contiene un rimando immediato al celebre testo di Lenin *Che fare? Problemi scottanti del nostro movimento*, pubblicato nel 1902, sulla riorganizzazione del partito e sui suoi rapporti con il proletariato, il cui titolo riprendeva espressamente quello dell'opera di Černyševskij.

113. Graeber, *Cit.*, 2005-2012, p. 74.

114. breadandpuppet.org.

115. Marco Enrico Giacomelli, *Di tutto un pop. Un percorso fra arte e scrittura nell'opera di Mike Kelley*, Johan & Levi Editore, Milano 2014, pp. 36 e ss..

116. factoryoffoundclothes.org.

117. Marco Scotini, *Il museo disperso e la cattura della storia. Una conversazione con Charles Esche*, in "No Order", 2010, p. 287.

Le parole non sono mai neutre, così come non può esserlo il modo in cui vengono usate, contengono storie, possono contribuire a produrle o a solidificarle condizionando la storia: non è vero, infatti, che "soltanto il linguaggio è espressione dell'uomo, ma anche che l'uomo è il prodotto del linguaggio"[1]. Oltre la loro estensione significante può trovarsi una larva di giudizio, legata alla loro etimologia o a un loro impiego remoto, radicata in condizioni che hanno a che fare con violazioni della libertà, con atti di sopraffazione, di segregazione. Attraverso l'uso non consapevole della lingua si deposita nella modulazione delle parole un giudizio preventivo, un pregiudizio, e da qui passa nella sostanza delle cose, nella consuetudine, nei comportamenti. La lingua ha una natura sedimentaria di "prodotto sociale"[2]: oltre questa superficie filtrano la ragione e l'origine delle parole, portando con sé il pregiudizio potenziale che nella familiarità acritica dell'uso quotidiano educa a una visione del mondo imbevuta di stereotipi.

La sofisticazione della storia e la deviazione dalla possibilità pura e semplice di conoscere i fatti trovano un emblema nella vicenda di Marco Giunio Bruto, tra i capi della congiura in cui cadde Giulio Cesare il 15 marzo del quarantaquattresimo anno prima della nascita di Cristo. Non esistono testimonianze di una versione di Bruto su quanto accadde, ma le narrazioni che lo hanno interpretato nel corso dei secoli hanno deformato di volta in volta il profilo della storia, piegandolo secondo un disegno favorevole ai propri obiettivi, conforme ai codici della propria aspirazione politica. È così che il termine 'bruto' (sostantivo e aggettivo) in aggiunta al significato originario[3] indica sempre malvagità, crudeltà e spirito bestiale[4] - assorbendo la lettura del 'parricida' e non quella del 'tirannicida'. La semantizzazione di Bruto esemplifica il viaggio dei concetti attraverso le parole, fino al momento in cui queste ultime circolano in una società che le comprende solo parzialmente e le utilizza rinverdendo - con variabile consapevolezza - il significato nascosto che contengono.

Alcuni termini utilizzati oggi per definire comportamenti considerati illegali e fenomeni culturali marginali nascono da processi di acquisizione di significato che contengono un riferimento discriminatorio rivolto a comunità intere, gruppi minoritari, categorie e soggetti deboli. Alcuni esempi: 'marrano', che appartiene ormai al registro letterario, è un termine di origine spagnola che storicamente identifica gli ebrei convertiti dal Medio Evo in poi, con una precisa accentuazione denigratoria; in spagnolo vuol dire "'porco', dall'arabo *muharram* 'cosa vietata', perché la carne di maiale era vietata ai musulmani"[5]. Ricordando che, secondo il *Levitico* (11, 7), anche per gli ebrei il maiale è un animale immondo, 'marrano' si appesantisce di un ulteriore carico dispregiativo. La parola è poi entrata nei dizionari per definire genericamente individui ignobili (ma senza perdere niente della storia di ferocia e intolleranza che si è perpetuata in Europa nei confronti degli ebrei). Altri termini si sono depositati nel linguaggio comune attraverso travisamenti: è il caso di 'isterico' nato per classificare la sintomatologia di nevrosi da disturbi dell'utero (la parola deriva direttamente dal greco ὑστέρα, 'utero') e oggi usato per stigmatizzare chiunque abbia comportamenti incontrollati, eccessivi, stravaganti, sottintendendo che siano caratteristiche di un umore femminile.

Nel linguaggio comune i termini con una radice di sopraffazione culturale, o con richiami a interazioni sociali violente, vengono spesso rivolti a destinatari che non subiscono direttamente contrazioni di diritti civili e umani (questi termini non hanno, dunque, una funzione descrittiva). Ma il loro uso in chiave offensiva, la loro trasformazione in insulto, relega ancora una volta le categorie collegate a questi vocaboli sul fondo di una visione che ghettizza il più debole. L'osservazione ravvicinata delle ingiurie nella lingua italiana rivela un orizzonte semantico legato alla sessualità e alla capacità civile con una distinzione penalizzante di genere o di orientamento che crea quasi la misura per una regola tassonomica. La quasi totalità degli insulti più diffusi definisce uno stereotipo opposto a quello sintetizzato - tra Ottocento e prima metà del Novecento - nei monumenti legati all'identità nazionale, e quindi al cittadino esemplare in cui il potere trova la sua effigie eletta: maschio, virile, eroico, sano, atletico, visibilmente ariano, quasi sicuramente eterosessuale[6]. I termini ingiuriosi tendono sempre a minare l'integrità di questo modello, in una specie di calco, un'impronta al negativo in cui la femminilità, i cliché sull'omosessualità, la complessità e la marginalità, sono automaticamente interpretati come aree di attacco: scoprono, infatti, una debolezza necessaria all'imposizione della forza, e di questa dimostrazione il potere ha sempre bisogno. Nei monumenti eretti in Europa e in Nord America fino alla prima metà del secolo scorso l'uomo, spesso nudo per assimilazione della tradizione classica, idealizza persone viventi e riconoscibili, mentre la rappresentazione della figura femminile, altrettanto trasfigurata, è quasi sempre sovrumana, impersonando concetti, o città, nazioni, continenti, senza mai corrispondere a un soggetto storico o socialmente attivo. Le titaniche donne munite di elmo e spada, cornucopie, bilance, o coronate da città turrite, o dal seno prospero scoperto, sono sempre immagini allegoriche, cioè immagini che esprimono qualcosa di diverso da quello che raffigurano, concetti astratti come la vittoria, l'abbondanza, la giustizia, la fortuna. Niente in questa iconografia richiama la natura terrena e l'importanza storica e civile della donna, il corpo femminile viene prestato a ritrarre le idee e gli interessi di caste esclusivamente maschili, come per esempio la Libertà che nell'enfasi borghese della tela di Eugène Delacroix (dove guida un popolo di soli individui maschili) è "un concetto politico che esprime la legittimazione di una classe di proprietari uomini a riformare la società"[7]. Le effigi della Libertà, della Ragione, della Giustizia e di tutti i principi laici sui quali le democrazie contemporanee rivendicano di essere fondate, presiedevano sistemi politici che escludevano le donne da qualsiasi ruolo pubblico (anche nella Francia rivoluzionaria, negli Stati Uniti d'America). Il modello mitologico di tutte le donne di pietra più famose, Atena, virginale e guerriera dea della ragione, era la leggendaria protettrice, nonché il simbolo, della città stato in cui si sviluppò l'esperienza di democrazia che la storia europea e statunitense considerano originaria. Appare logico e sinistro che questa democrazia fosse basata su una totale misoginia politica e sociale e che si reggesse sullo sfruttamento legale della schiavitù. Similmente, la Statua della Libertà, nella baia di Manhattan, venne inaugurata nel 1886, appena dieci anni prima che sulla vicina Ellis Island entrasse in funzione il centro di smistamento per gli immigrati, una specie di centro di prima accoglienza in cui i viaggiatori più poveri venivano trattenuti, sottoposti a diversi esami e a volte rinviati al luogo dal quale erano partiti, considerati indesiderabili, non adatti a condividere quella libertà per via di malattie da cui risultavano affetti o a causa delle loro posizioni politiche.

Su un altro versante si riscontra nell'estetica monumentale la completa assenza di riferimenti all'omosessualità (anche se per una nemesi beffarda alcuni modelli dell'immaginario erotico gay somigliano, quando non sono direttamente ispirati, all'iconografia machista dei monumenti eroici fascisti, nazisti, stalinisti); una puntuale negazione, eseguita a tappeto dalla morale cristiana, è stata acuita con le categorizzazioni fatte della sessuologia che ha assunto l'omosessualità come patologia[8]. Secondo la visione verticale e maschilista della storia moderna l'inclinazione omosessuale maschile (mentre il lesbismo è eluso, addirittura ignorato) comprende una natura femminile concepita come mancanza. Così tutti i termini attinenti alle variazioni del desiderio e dell'identità di genere completano il glossario denigratorio, con nessi a volte evidenti a volte talmente acquisiti da non potersi più distinguere da un comune insulto. In ogni caso la comunità GLBT ha dovuto fondare la propria produzione culturale lungo i margini di una profonda cesura che nel corso della storia ha negato legittimità a qualsiasi espressione apertamente omosessuale (ablazione totale dei dati biografici di personaggi noti, rarefazione delle vicende mitologiche, edulcorazione e censura nella letteratura e nell'iconografia). All'alba della loro protesta per il diritto all'esistenza, negli anni Sessanta, i movimenti omosessuali si sono trovati al di qua di una distesa bruciata paragonabile, forse, allo stesso vuoto delle comunità eredi della diaspora africana. L'artista danese Henrik Olesen si dedica da anni a una ricucitura di questo disconoscimento raccogliendo documenti, informazioni biografiche, notizie e immagini[9]. In progetti come *Some Gay-Lesbian Artists and/or Artists relevant to Homo-Social Culture* (2007) o nel volume *Some Faggy Gestures* le immagini vengono composte in atlanti iconografici ispirati al *Bilderatlas Mnemosyne* di Aby Warburg; della teoria warburghiana l'artista riprende anche il concetto della ritornanza (il *Nachleben*) sul quale fonda un'ipotesi di costruzione dell'identità aperta, in grado di rivelare connessioni inattese, non basate sullo stereotipo di genere. "Nel raggruppare queste immagini," dichiara l'artista in un'intervista, "è stato importante focalizzare nuovi sistemi e categorie per aprire uno spettro di possibilità e creare una sorta di atlante dei corpi fatto di spazi, segnali e codici", e riconosce espressamente il merito di Warburg nell'avere "innovato e ampliato le nostre odierne possibilità di pensare le classificazioni"[10].

Nello schematismo semplificato delle vecchie classificazioni, l'altro viene sempre visibilmente identificato come diverso, esterno e potenzialmente o manifestamente pericoloso, ed è funzionale alla costruzione dell'integrità (la nazione, lo stato, la comunità) che il gruppo egemone sostiene di dovere e di poter difendere. In piena espansione coloniale, le culture extraeuropee sono state "necessarie alla fondazione negativa dell'identità europea e della sovranità in senso moderno"[11]. L'attenzione ai margini remoti della cultura europea (l'Oriente, il continente nero) è stata sempre animata più dal bisogno di tracciare una linea di differenza, con una valutazione gerarchica rispetto alla propria identità, che non da una genuina curiosità scientifica. La stessa antropologia, rinominando i gruppi culturali, i popoli, i loro riti, nel cercare di classificarli secondo griglie riconducibili al pensiero così detto occidentale, ha creato forme di esclusione e drammatici travisamenti delle storie, delle culture, tutte sottomesse a una concezione proterva e monocentrica del colonialismo europeo. La nomenclatura cartografica, dal momento in cui i greci si mossero dall'Egeo verso le coste del sud Italia, fino alle linee rette delle spartizioni territoriali dell'Ottocento, tradisce questo uso della lingua come strumento di produzione di alterità. Bisognerebbe ricordare che lo stesso termine Europa descrive un luogo a ovest del mondo greco, dove il sole si nasconde, uno spazio dell'ombra: l'Erebo, la regione dei morti, delle cose oscure e incomprensibili.

La specularità tra la retorica dei monumenti e il linguaggio informale non appare più così casuale e rivela una radice comune: entrambi violenti, operano un trasferimento diretto (un pregiudizio o una preclusione) dalle parole alle immagini, uno spostamento corrispondente a quella deformazione della coscienza collettiva attraverso la manipolazione del linguaggio che secondo Hannah Arendt è cardinale in ogni totalitarismo. Stalin all'inizio degli anni Cinquanta pubblicò *Il marxismo e la linguistica* in cui, contravvenendo al pensiero del filosofo tedesco, affermava che il linguaggio fosse una costante del popolo, preminente rispetto alle classi sociali e per lo più immutato dal tempo di Aleksandr Puškin; ma se ne servì come veicolo di propaganda, trasformandolo, trasgredendolo e modellandolo, fino alla risemantizzazione di alcune parole[12]. Anche la Germania di Hitler elaborò, in modo meno programmatico, una rifondazione linguistica descritta dal filologo Victor Klemperer con l'acronimo "LTD", *Lingua Tertii Imperi*, per ironizzare sulla predilezione del nazismo per le sigle[13]. Klemperer, ebreo tedesco, registra la trasformazione della lingua: una guerra di occupazione con il tradimento di alcuni concetti originari, sostituiti da altri che prendono il loro posto dentro gli stessi suoni.

Il lessico dell'insulto crea anche un darwinismo sociale rispetto a mestieri, condizioni economiche, gruppi, comunità nazionali o territoriali, i cui rappresentanti non compaiono mai nell'estetica monumentale, se non in posizione subalterna, come vinti, come emblemi controrivoluzionari, o ancora come beneficati e soccorsi dai leader, dai generali, dagli eroi. Anche in questo caso l'uso improprio dei termini, ereditati dal passato o di recente adozione, segna la distanza da un normotipo (bianco, confessionalmente conforme, tradizionalmente integrato, dotato di reddito solido e dimora fissa): insomma una specie di Wasp regionalista e nazionalista, secondo i casi, che cementa una supremazia organica in un mondo fondato sull'esclusione di chi è più facile additare come responsabile del dissesto pubblico. Valga come esempio la traslazione della parola 'zingaro', che saltando secoli di storia e di complessità (la stessa origine del termine è ancora discussa tra ascendenze egiziane e sovrapposizioni con sette cristiane), copre nel parlato tutte le sfumature delinquenziali, dalle più inoffensive a quelle più organizzate[14]. Approssimazioni e deviazioni molto simili vengono fatte per parole come 'ebreo', o il più generico 'immigrato', confuso insensibilmente con 'clandestino' (e in Italia, fino a qualche anno fa anche per 'albanese' e 'romeno'), o le sorprendentemente varie declinazioni di 'nero'.

Al fianco di un'immaturità culturale e antropologica di gran parte della società rispetto all'uso della lingua, l'impoverimento del lessico, che si compone attraverso la ripetizione acritica di termini, va imputato all'incapacità della politica, degli intellettuali e degli artisti, di definire una nuova terminologia. Galit Eilat, curatrice e scrittrice israeliana, sostiene che il pensiero progressista sia stato poco abile nella creazione di una "contro-situazione", con concetti innovativi e un lessico nuovo capace di descriverli e indispensabile per metterli in pratica: "quanti nuovi termini si sono sviluppati attorno alle operazioni militari: stato di emergenza, ragioni di sicurezza? [...] Rispetto alla sinistra la destra ha sviluppato molti termini in più per descrivere questa realtà. E li usano per nuove attività, procedure, leggi funzionali"[15]. Soprattutto li usano per descrivere qualcosa di immediatamente visibile, coerente con la progressiva semplificazione del linguaggio che precipita in una parallela restrizione della capacità argomentativa. Quando i media (chiunque abbia accesso alla tribuna dei media, dai giornalisti ai politici) descrivono singoli episodi e fatti di cronaca, fanno uso di un vocabolario, tra propaganda e inconsapevolezza passiva, che criminalizza intere categorie, con fraintendimenti dolosi, omissioni, superficialità, o disinteresse totale, rispetto alle fonti. Si coltivano disparità e si accendono allarmismi con "un linguaggio di finta semplicità e comunicabilità, di provata volgarità, che legittima e incentiva pulsioni distruttive", come osserva Giuseppe Faso nel suo *Lessico del razzismo democratico*, sottolineando che "l'uso delle parole è fortemente segnato dal consumo che se ne fa, e che abbiamo la responsabilità della circolazione di parole cariche di effetti negativi"[16]. Si tratta di una normalizzazione dell'abuso terminologico che crea subculture della paura, della diffidenza e della segregazione. Di più, si tratta di una vera e propria alterazione linguistica, che riduce la possibilità di interpretare il mondo e lo frammenta in porzioni definitive e vere in modo assoluto, ma enunciate e realmente comprese sempre da qualcun altro, nel quadro di uno svilimento continuo della soggettività dove l'uomo contemporaneo è destinatario e consumatore anche delle opinioni e dei conseguenti comportamenti rispetto agli altri. La *Newspeak* di George Orwell è più vicina a questo slabbrato rifacimento, a questa erosione di sfumature che si compie nel lessico mediatico, di quanto non lo fosse alla marziale distruzione delle lingue nazionali sotto i totalitarismi. La neolingua di *1984*, cui Orwell dedica una descrizione accuratissima in appendice al romanzo, avrebbe dovuto eliminare "ogni pensiero eretico [...] almeno per quanto riguarda quelle forme speculative che dipendono dalle parole"[17], un "totalitarismo morbido", per citare Günther Anders, una persuasione subliminale e occulta che modella l'intelletto a partire dalla contrazione delle parole.

La consapevolezza nell'uso del linguaggio e l'intelligenza creativa nell'esplorazione del mondo presente con un vocabolario da aggiornare sono da considerarsi alla base di ogni condizione realmente egualitaria. La crisi delle basi solidali della società si esprime con la passività rispetto alla partecipazione nel confronto sulle condizioni minime dei diritti condivisi, con l'inerzia davanti ai problemi di ordine morale e civile e, anche, con la gravità dell'afasia linguistica diffusa in tutti i suoi strati. La responsabilità della qualità etica della lingua va indagata dentro lo stesso orizzonte in cui matura la sensibilità estetica dei cittadini. Il modo in cui prendono sostanza le stigmatizzazioni è strettamente connesso al modo in cui le persone recepiscono il mondo sociale e politico di cui fanno parte: nel dominio del visibile, attraverso la giustificazione delle immagini e la loro riproduzione. Infatti, "al di là delle tre dimensioni dello spazio, e di quella del tempo, che caratterizzano la nostra vita biologica, è in una quinta dimensione – quella dell'immaginazione – che l'umanità prende forma"[18]. Torna centrale la qualità etica dell'immaginazione, quella capacità che può essere influenzata e atrofizzata da chi ha la possibilità di accedere (manipolandola) alla diffusione di rappresentazioni visive, vocabolari, riferimenti etici e schemi relazionali, in sintesi, di istruire un ordine simbolico per la descrizione di sé e del mondo, con l'erezione di monumenti e con la diffusione di modelli verbali che definiscono il dominio del visibile.

*. Il nucleo principale di questo capitolo riprende e sviluppa una parte del mio saggio *La versione di Bruto. Le parole e il potere*, pubblicato nel volume a cura di Teresa Megale, *Contesti teatrali universitari*, Firenze University Press, Firenze 2014.

1. Günther Anders, *Die Antiquiertheit des Menschen*, 1956 [trad. it. *L' uomo è antiquato. Considerazioni sull'anima nell'epoca della seconda rivoluzione industriale. I*, Bollati Boringhieri, Torino 2003, p. 106].

2. "Un prodotto sociale della facoltà del linguaggio ed un insieme di convenzioni necessarie, adottate dal corpo sociale per consentire l'esercizio di questa facoltà negli individui", Ferdinand de Saussure, *Cours de linguistique générale*, Payot, Losanna-Parigi 1916 [trad. it. *Corso di linguistica generale*, Laterza, Roma-Bari 1967-2012, p. 19].

3. '*Brutus*': termine latino di origine osca con il significato di 'pesante', 'primitivo', 'grezzo', in italiano è anche sinonimo di 'spietato', 'insensibile', 'bestiale'.

4. Questo significato è condiviso in quasi tutti le lingue d'Europa, con una diffusione ancora maggiore per l'aggettivo 'brutale' che mantiene questa radice anche in idiomi come il lituano, lo svedese, il polacco, l'olandese, il finlandese, il basco, l'albanese.

5. *Lo Zingarelli. Vocabolario della lingua italiana*, Zanichelli, Bologna 2004.

6. Un modello che ricorda molto quello descritto da Linda Nochlin, nel 1971, nello spiegare "perché non ci sono state grandi artiste": "la situazione in arte e in decine di altri campi continua a essere spiazzante, oppressiva e deprimente per chiunque non abbia avuto la fortuna di nascere maschio di razza bianca, preferibilmente dal ceto medio in su; Linda Nochlin, *Why have there been no Great Women Artists?*, in "ARTnews", n. 69, Gennaio 1971, New York [trad. it. *Perché non ci sono state grandi artiste?*, Castelvecchi, Roma 2014, p. 30].

7. Miles, *Cit.*, 1997, p. 70.

8. Nel 1972 l'American Psychiatric Association ha stabilito ufficialmente di escludere l'omosessualità dall'elenco delle patologie; dal *Manuale diagnostico e statistico dei disturbi mentali* verrà cancellata in modo completo e definitivo solo all'inizio degli anni Novanta.

9. La ricerca iconografica di Olesen si ferma cronologicamente alla comparsa ufficiale del termine 'omosessualità' nella moderna scienza sessuale, nel momento in cui si consolida la percezione dell'omosessualità come problema anche sociale.

10. Luigi Fassi (a cura di), *Future Bodies and Gendered Prophecy*, in "Mousse Magazine" n. 18, aprile 2009, Milano.

11. Hardt, Negri, *Cit.*, 2000, p. 117.

12. Golomstock, *Cit.*, 1990, p. 224.

13. Cfr. Victor Klemperer, *LTI – Lingua Tertii Imperii: Notizbuch eines Philologen*, Berlino 1946-1957 [trad. it. *La lingua del Terzo Reich. Taccuino di un filologo*, Giuntina, Firenze 1998].

14. Nella grossolana approssimazione di questo termine viene mischiata la storia di gruppi culturali diversi (sinti, rom, manuś, romanićels), a volte nomadi (gli Irish Travellers o i Caminanti siciliani, i quali niente hanno in comune con la lingua e gli usi delle comunità parlanti dialetti neo-indiani) a volte stanziali, in alcuni casi cittadini italiani, comunitari, in altri esterni alla Comunità Europea; cfr. Piasere, *Cit.*, 2004.

15. Galit Eilat, Artur Żmijewski, *A good Drug Dealer*, in Artur Żmijewski, Joanna Warsza (a cura di), *Forget Fear. 7th Berlin Biennale for Contemporary Art*, KW Institute for Contemporary Art / Verlag der Buchhandlung Walther König, Colonia 2012, p. 104.

16. Giuseppe Faso, *Lessico del razzismo democratico. Le parole che escludono*, Derive&Approdi, Roma 2008, p. 31.

17. George Orwell, *1984*, 1949 [trad. it. *1984*, Mondadori, Milano 2000, p. 307].

18. Marco Aime, *Eccessi di culture*, Einaudi, Torino 2004, p. 49.

Nel 2009 Maurizio Nannucci ha realizzato un'installazione temporanea sulle colline toscane, un vero e proprio monumento sul tempo, sulla sua percezione, sui transiti dal verbale al visivo e ritorno. Come sempre accade nelle opere di Nannucci, *Something Happened*, una scritta al neon blu alta tre metri e lunga quaranta, allude alla parte mancante di quanto viene dichiarato, di quello che è visibile. L'enunciazione titanica che qualcosa è accaduto, nel territorio, lungo la storia, attorno, da qualche parte, fa sfumare la pulsione visiva che caratterizza la contemplazione del paesaggio avvertito come qualcosa di definitivamente consegnato e statico, e spinge il centro della percezione verso l'immaginazione, verso la costruzione di una verità instabile. *Something Happened* non sottolinea l'assenza ma insiste sul vuoto di spiegazioni incontrovertibili, di versioni assolute. Qualcosa è accaduto, ma non è chiaro cosa né dove. Questo qualcosa non smette di condizionare la presenza dell'osservatore e ne ha modificato il percorso fino al cospetto dell'opera, e sta solo alla sua capacità critica determinare come influenzerà il suo futuro.

Esiste una via italiana capace di descrivere il legame tra arte e potere, secondo un punto di vista che accolga il dibattito sull'estetica dei monumenti, l'affezione per la semplificazione del visibile e la dimensione collettiva? Lungo un immaginario viaggio in Italia ricorrono alcuni elementi, non tanti e tali da definire univocamente un carattere nazionale, ma sufficienti per creare un inventario temporaneo, arbitrario e inevitabilmente lacunoso, di indagini e ricerche compiute sulla soglia dell'ossessione del visibile, all'ombra della tradizione del monumento o nella prospettiva anarchica e sovversiva di un suo rovesciamento. La cronaca di questo viaggio raccoglie esperienze, racconta incontri, presenta autori e lavori tra loro lontani, e non vuole delineare una tendenza, né contribuire alla redazione di un catalogo di prassi o linguaggi. La misura utilizzata è piuttosto quella variabile, e valutata in modo del tutto soggettivo, dell'approcciarsi degli artisti alla materia del potere, alle sue forme, alle sue narrazioni, alle scelte alternative, nella condivisione e nella partecipazione.

Vengono menzionati autori la cui poetica si fonda sul contrasto agli immaginari precostituiti, con opere in grado di indicare una correzione dell'immanenza del monumento e che, in parte, hanno scelto lo spazio pubblico come arena per la rappresentazione del negato rispetto alla storia, alla memoria e alla politica. Un breve approfondimento riguarda progetti prolungati nel tempo, qualche volta ancora in essere, caratterizzati dalla costruzione di una relazione positiva con il contesto, con il territorio e con la comunità. La maggior parte dei casi citati riguarda un passato molto recente, per lo più non antecedente l'inizio del millennio. Non si è voluto qui procedere a una ricostruzione storiografica[1] ma restituire la complessità di un passaggio effettuato lungo la penisola e, in modo concentrico, attorno ai temi sopra indicati, utile alla comprensione di una grammatica tra il potere e la collettività, tra il monumento e l'assenza, tra la memoria ufficiale e le amnesie di stato, tra la verità imposta e le molte possibili realtà.

Genealogie

Anna Detheridge rintraccia un fattore di continuità tra la ricerca contemporanea italiana e una storia dell'arte e dell'architettura contrassegnata dal "rapporto privilegiato che, lungo i secoli, gli artisti hanno intrattenuto con lo spazio progettato all'interno della città"[2]. Un'attenzione volontaria e non occasionale che ha determinato alcune tra le più importanti svolte nella visualità occidentale: dal crepuscolo del Medio Evo l'arte in Italia si è fondata sulla comprensione dello spazio, sulla sua descrizione e traduzione. Le condizioni gerarchiche che identificano il committente, civile o religioso, e la finalità persuasiva ed egemonica connaturata a ogni rappresentazione del potere, non hanno impedito agli artisti un contatto diretto con il contesto urbano e sociale che avrebbe accolto l'opera. La coralità della comunità, alla quale nella maggior parte dei casi apparteneva anche l'artista, veniva dunque espressa visivamente nei termini della raffigurazione; il Medio Evo di Pietro Cavallini e Cimabue, o il proto-umanesimo di Beato Angelico e Masolino, riproducono un paesaggio fisiognomico che è anche un prontuario di prossemica e di gestualità, e lo spazio domestico e quello urbano e rurale, nei grandi cicli di Giotto, dei Lorenzetti, di Masaccio, Andrea Mantegna, Luca Signorelli, appartengono a un patrimonio condiviso e trasversale agli strati sociali. Su un altro piano, la corrispondenza diretta con la collettività si riscontra nell'orizzonte di una relazione culturale con l'opera, che veniva pensata e organizzata per un preciso spazio, per un'umanità riconoscibile e per determinate funzioni. Tutto questo avveniva entro il dominio del visibile, nelle maglie di una committenza verticale, e la rappresentazione che ne derivava era sempre condizionata da uno squilibrio di potere. Ma a distanza di secoli costituisce una prova direttamente esperibile di un rapporto che gli italiani (gli osservatori) hanno sempre mantenuto con le forme del simbolico – un dialogo a tu per tu, interrotto e dimenticato solo con la diffusione della comunicazione mediatica – e aiuta a ricordare che "la migliore arte italiana [...] trae energia e acquista senso proprio dal contesto specifico in cui si realizza e dai luoghi con i quali si misura"[3].

La familiarità con le forme dell'arte, a un certo punto, ha smesso di coincidere con la familiarità con il linguaggio del potere, e questo non è successo da un giorno all'altro, ma secondo una storia che corre affiancata all'emersione dei nuovi canali di comunicazione massiva. Parallelamente, attraverso tentativi e scollamenti, nel corso dei secoli gli artisti hanno fatto vibrare il proprio lavoro lungo frequenze sempre più ampie, capaci di reinventare i termini della relazione con i sistemi di dominio, scartando di lato per cercare consapevolezze più mature con l'osservatore. È stata una specie di guerra del pensiero e delle immagini, passata attraverso la rivendicazione dell'autonomia dell'artista e momentaneamente sospesa sulla complessità contemporanea: nello stesso panorama oggi convivono lo sfacelo (in cui l'arte sembra essersi allontanata dalla sua capacità alata per assoggettarsi alle rinnovate metamorfosi del potere, senza nemmeno essere più in contatto con le persone) e sparsi, inaspettati, elettrizzanti segnali di rinnovamento e di nuovo vigore.

Una data originaria, per il bisogno di individuare un punto di osservazione piuttosto che un principio vero e proprio, può essere trovata all'inizio del XIV secolo a Padova, nella cappella che Giotto affrescò per la devozione privata di Enrico Scrovegni. In due riquadri, ai lati dell'arco che incornicia l'abside, si trovano quelli che nel gergo degli studiosi sono diventati i "coretti": la rappresentazione di due interni architettonici, forse l'unica prova dell'esistenza di un precedente disegno per il transetto della cappella[4]. In entrambi gli spazi dipinti, gli unici disabitati dall'immensa folla di personaggi che attraversano l'intero ciclo pittorico, sul fondo si trova una bifora che lascia scorgere un esterno. Quello che appare, per la prima volta nella storia dell'arte europea, è il cielo atmosferico, "non più quello teologico dell'oro bizantino, o il piatto, cupo color lapislazzuli senza giorno e senza notte che corona tutti i paesaggi giotteschi. È un cielo che fa riferimento a qualcosa in corso, fuori dall'architettura dipinta e da quella costruita, che ha a che fare con il tempo, e quindi con la storia"[5], con una possibilità di immaginare il mondo come un luogo abitabile al di fuori del dogma. Il cielo atmosferico dei "coretti" è appena un simbolo, interpretabile solo grazie alla plurisecolare distanza che ci separa dalla sua creazione, ma descrive una breccia nei confini dello spazio della rappresentazione artistica, da ora in poi coniugato al tempo, ai giorni, consegnato a un'umanità laica che concepisce se stessa in trasformazione, non più sotto il segno dell'eternità immutabile dei ruoli. Dal cielo di Padova, attraverso questa apertura sullo spazio civico del tempo in cui le cose avvengono, e seguendo la varia umanità che dai riquadri neotestamentari di Giotto si riversa nel mondo, si osserva il passaggio degli artisti italiani lungo un percorso di emancipazione che solo dalla fine degli anni Sessanta del Novecento, e mai completamente, li ha liberati dalla soggezione della chiesa e dall'ossequio nei confronti del principe. In Italia la frizione sul piano delle libertà individuali è sempre stata giocata tra queste due sfere, confessionale e secolare, a volte in competizione dialettica, più spesso in accordo tra loro. Da entrambe le direzioni è sempre stata compiuta una sistemica operazione di revisione della realtà; una contraffazione che, dal fascismo in poi, è stata consegnata al carisma di grandi comunicatori e veicolata da una stampa che, con rarissime eccezioni, è sempre stata manipolabile o al servizio diretto del regime.

In Italia come altrove, ma forse più che altrove, il limite tra l'autodeterminazione del pensiero e la subordinazione al potere si erge nello spazio della città, nelle rappresentazioni della gerarchia, nelle minute forme di resistenza e riappropriazione agite giorno dopo giorno, nelle battaglie per i diritti universali e di categoria che si svolgono lungo le strade, con i cortei, gli scioperi, le manifestazioni. Non sorprende quindi che, alla fine degli anni Sessanta, le indagini artistiche più radicali si situino all'aperto, alla ricerca di una deroga alle consuete relazioni tra l'opera e lo spettatore, anche se il centro dell'indagine è ancora il valore dell'opera stessa, il suo disporsi come forma o processo, il disgregarsi delle fisionomie tradizionali dell'arte e dell'autorialità, e il modo in cui tutto questo si colloca rispetto al dibattito estetico nazionale e internazionale e rispetto alla storia dell'arte. Il carattere relazionale delle ricerche compiute in questo periodo (in manifestazioni che occupano la città, quale è stata *Campo urbano* a Como nel 1969, per citare la più densa di senso rispetto a questo argomento) è inteso come strumento linguistico, e le azioni in pubblico, come scrive Alessandra Pioselli, "si sovrappongono allo specifico urbano, agognando al dialogo con il passante inavvertito più che penetrare nelle stratificazioni memoriali e antropologiche"[6]. La pluralità e la facoltà immaginativa delle cittadinanze rimangono dunque sullo sfondo e non sono né i veri destinatari né tanto meno costituiscono l'origine operativa e la sostanza di questi interventi. Nel dissidio tra arte e schieramento politico, e nell'impossibilità epocale di trovare una sintesi, solo in rarissimi casi le dichiarazioni eversive degli artisti e la loro irriverenza nei confronti del sistema hanno prodotto azioni conseguenti. Per farlo hanno dovuto talvolta sconfinare senza mediazioni nell'attivismo, con esiti di grande originalità nella coniugazione tra lo status dell'artista e le prassi della protesta, della lotta per i diritti, della sperimentazione sociale. Basterà qui citare il lavoro di Gianfranco Baruchello con l'esperimento di Agricola Cornelia, Piero Gilardi e il Collettivo Lenin e, più tardi, le esperienze del gruppo Piazzetta a Sesto San Giovanni, del Collettivo Autonomo di Porta Ticinese e degli altri raggruppamenti lungo la penisola (quasi tutti esauriti prima della fine degli anni Settanta)[7]. Nella stessa direzione, e nello stesso periodo, prendono forma le visioni dell'Architettura Radicale, immerse in una fitta rete di scambi internazionali che vedono protagonisti gruppi come Archizoom, Superstudio, Ufo, 9999, e autentici outsider come Ugo La Pietra, Riccardo Dalisi e Gianni Pettena, l'anarchitetto attivo sulle due sponde dell'Atlantico, che è anche il riferimento teorico di un'intera generazione[8].

Al di là dei casi specifici è importante ricordare che, tra gli anni Sessanta e gli anni Settanta, artisti, architetti, collettivi si rivolgono tutti, e ognuno a proprio modo, alla complessità sociale su una molteplicità di piani, non ultimo quello di un transito sistematico e progressivo delle forme dell'arte verso la relazione tra soggetti caratterizzata dallo scontro politico. Questa dimensione resistente dell'arte, meticcia e spesso priva di cornice, appare oggi come uno dei pochissimi tentativi fatti per contrastare l'asservimento delle soggettività alla cultura televisiva, a quell'abbrutimento trasversale alla geografia e alle partizioni di classe che Pier Paolo Pasolini definì "il comportamento coatto del potere dei consumi a ricreare e deformare la coscienza del popolo italiano, fino a una irreversibile degradazione"[9]. La vita, la vera vita, si svolge per strada e gli artisti sono in prima linea a ribadirlo. Le attività, i programmi e le collaborazioni messe in atto nell'arco di poco più di un decennio si dispiegano lungo una ricchissima varietà di linguaggi e operano un continuo ricentramento della relazione nello spazio urbano, obbligando l'immaginario dei cittadini (anche quando non direttamente coinvolti, anche quando non chiamati a interagire consapevolmente) a costruire nuovi indirizzi di pensiero sulla sfera pubblica. Questa viene intesa sempre come un luogo condiviso e inalienabile, come spazio di una riflessione aperta sulle gerarchie, come condizione per l'interpretazione della storia e del tempo presente, per l'emancipazione del futuro.

Gli anni Ottanta assistono alla maturazione di crisi politiche e culturali globali, con crolli e rivelazioni che si manifesteranno all'improvviso alla fine del decennio. Anche in Italia si impennano quei processi di trasformazione dei costrutti sociali, tra edonismo di bassa marca e amnesie di massa, per cui "la cultura e l'immaginario culturale [...] scelgono la strada più facile: quella della falsificazione totale, della finzione totale"[10]. L'era del postmodernismo consegna il ritratto di una produzione artistica che in larga parte si ritira dalle strade, sempre più strettamente connessa alle curve di andamento dei mercati. Nella simbolica dimensione dello studio e degli spazi deputati si può leggere una sconfessione dell'attivismo e una predilezione per la solida, affidabile compattezza della superficie visibile, della verifica operata nello spazio della galleria, al cospetto di un pubblico nuovamente circoscritto e controllato. Ma la realtà dell'arte è sempre più variegata e irriducibile di come vorrebbe la storiografia, e la reazione a questa tendenza si manifesta già nel corso dello stesso periodo con "sconfinamenti che iniziano a problematizzare la figura dell'artista, la definizione dell'opera d'arte, l'impatto e la collocazione del processo creativo, il ruolo del pubblico"[11]. Negli anni Novanta la vocazione a rioccupare gli spazi della città diventa sempre più sensibile: a uscire dai percorsi battuti sono autori diversi tra loro, con proposizioni e obiettivi anche divergenti ma accomunati da uno spiccato interesse per pratiche interdisciplinari e dall'inclinazione per il processo aperto; l'opera e la sua autorialità si contaminano in ambiti non protetti, al di fuori delle convenzioni. Molti artisti emersi in questo periodo, protagonisti dell'arte italiana e non solo, sono ancora attivi e il loro lavoro costituisce un punto di riferimento imprescindibile; tra i tanti: Enzo Umbaca, Cesare Viel, Liliana Moro, Gennaro Castellano, Premiata Ditta, Luca Vitone e Giancarlo Norese, che dagli esordi lavora sulla sottrazione, sull'impermanenza, sulla negazione del visibile esercitando una critica originale verso il sistema del mercato e la reificazione dell'arte. Alberto Garutti, pioniere e sperimentatore di azioni che spostano sul piano relazionale il valore dell'intervento, ha realizzato numerosi progetti sensibili alla capacità poetica di forme del contromonumento, con la creazione di dispositivi che connettono l'esperienza individuale allo spazio sociale e alla storia. Fra gli altri si ricorda il restauro partecipato della facciata del teatro a Peccioli, nel 1992, *dedicata alle ragazze e ai ragazzi che in questo piccolo teatro si innamorarono*, come recita il titolo; o anche *Tutti i passi che ho fatto nella mia vita mi hanno portato qui, ora* (2007) che è interpretabile come monumento all'esistenza: una lastra incisa con questo testo e inserita nella pavimentazione di luoghi di transito, aeroporti e stazioni di grandi città, da Anversa a Londra a Milano. Cesare Pietroiusti è autore di un costante ripensamento sul ruolo dell'artista nella società e sul valore del lavoro, sul modo in cui l'arte si manifesta, si stacca dal mondo, o con il mondo si riconcilia, e sul ruolo dell'arte come spazio di pedagogia sociale. La pratica di Emilio Fantin si esprime spesso nella smaterializzazione dell'oggetto e nell'evidenza delle costrizioni della società; da *Trekking per l'arte*, un'escursione sull'Appennino emiliano per cento addetti ai lavori, nel 1992, a *Dynamica*, l'ateneo mobile proposto per il Premio Internazionale di Arte Partecipativa di Bologna nel 2012[12], il suo lavoro ha sempre supposto la presenza attiva del pubblico, chiamato a compiere narrazioni autonome e alternative.

Alterazioni e rimozioni

La perdita della memoria degli avvenimenti storici, e dei loro rapporti causali, è il tratto caratteristico della deformazione del legame tra cultura e potere politico di cui l'Italia fa fatica a liberarsi. Mistificazioni, riletture a breve e brevissimo termine della storia nazionale, revival dal sapore acremente postmoderno, agiografie e condanne senza fondamento, automatismi morali e un paesaggio intellettuale corrotto, forse irreparabilmente, da Google e Wikipedia, intasano la produzione culturale, smussano la capacità critica e spianano la strada alla demagogia. Il rapporto tra il potere e la memoria, i contrasti che si producono nella redazione dell'identità nazionale e le manipolazioni del populismo, sono al centro della ricerca di numerosi artisti, soprattutto nati negli anni Settanta. La diffusa attenzione di questa generazione alla storia recente d'Italia, agli scontri politici e alle sue vicende più tetre, si può interpretare come un segnale del desiderio di ricucire una frattura sociale: un modo per tornare sulle cause e sulle conseguenze dell'abbandono della lotta e dell'offuscamento degli ideali. Adalberto Abbate parte da una minuziosa osservazione della cultura di massa e delle deformazioni prodotte sul presente per mettere in evidenza i paradossi nelle narrazioni del passato. L'artista procede attraverso contraffazioni apparentemente innocue (come i passamontagna tessuti sui volti dei più brutti soprammobili popolari, o la tornitura artigianale di mazze da baseball *For Politicians Only*), ritocca fotografie d'epoca con elementi tratti dalla storia sociale del Novecento, compie ablazioni e ricollocamenti di feticci tratti dall'iconografia della protesta politica. A quattro mani con Mario Consiglio l'artista palermitano ha recentemente lavorato a *Manifesto*, una raccolta di iconografie e slogan che con la loro perentoria presenza, o in combinazioni reciproche, deviano l'informazione dando seguito a distorsioni, contraddizioni, negazioni di senso. Il lavoro di Abbate è una messa a nudo della violenza e della volgarità dell'Italia contemporanea, con la consapevolezza, maturata in gesto d'accusa, che lo stato attuale delle cose è esito di una tragica fluidità tra autoassoluzione dei singoli e crimini quotidiani: "il problema in Italia," ha dichiarato l'artista, "è che il mondo dell'arte è corrotto quanto il sistema politico"[13].

In questa riscrittura del tempo, nelle reti di un presente continuo, l'unica storia legittima ma solo per l'intervallo previsto dal circo mediatico, è quella della cronaca, la più recente; ne consegue il logoramento della memoria storica, la perdita della concatenazione dei fatti, l'insabbiamento definitivo delle responsabilità. A un episodio tra i più oscuri della storia nazionale come la strage di Ustica, è dedicata l'installazione temporanea che Flavio Favelli ha realizzato nel 2010, riproducendo in scala uno a uno la sagoma del DC9 che il 27 giugno è precipitato nel Mar Mediterraneo per cause sulle quali non esiste ancora una versione ufficiale. L'opera che ha preso forma a Bologna, da dove il volo era partito e dove oggi ne sono conservati i resti nel Museo per la Memoria di Ustica[14], è una custodia in tessuto tecnico, una fodera delle esatte dimensioni del velivolo della compagnia aerea ormai dismessa, in bilico sul bordo della memoria e quasi invisibile[15]. La tragedia e la controversa inchiesta che ne è seguita sono il sintomo e il simbolo di una radicata incapacità dello Stato di rappresentare i cittadini, di esserne espressione limpida e diretta, di garantirli nei diritti fondamentali. Per questo motivo *Cerimonia (India Hotel 870)*, parte del più ampio progetto *Itavia Aeroline*, è stato concepito come "un monumento al negativo", ha dichiarato Favelli, "una riflessione su un evento tragico che non ha ancora trovato una spiegazione, in una memoria senza forma e senza pace"[16]. Un'altra vicenda rimossa, una strage di civili ancora senza colpevoli è quella della nave da crociera Moby Prince che andò a fuoco nella notte del 10 aprile 1991, al largo di Livorno, causando 140 vittime. Federico Cavallini, in occasione del ventennale della tragedia, ha realizzato un'opera che nella sua apparenza ermetica rimette in primo piano l'assenza di una verità ufficiale: un cubo ottenuto con lo stesso metallo usato per le imbarcazioni evoca le ambiguità, la cattiva gestione dell'istruttoria e del relitto stesso della nave, la scarsa chiarezza della sua storia prima di entrare nella flotta Moby e la sua demolizione a processo ancora aperto in un porto della Turchia, con una procedura affrettata e apparentemente irragionevole. La superficie sorda e impermeabile della scultura è interrotta dalla traccia di 140 colpi battuti utilizzando strumenti da demolizione. Nel disegno originario l'opera era stata destinata dall'artista alla distruzione ma, dando seguito al dialogo con l'associazione dei familiari delle vittime, il monumento verrà invece collocato nei giardini della Fortezza Nuova di Livorno[17], diventando così , secondo Cavallini, "un'opera di scultura conclusa e un monumento incompleto".

Ad altri ingiustificati silenzi si ispirano alcune performance relazionali di Chiara Mu che si svolgono seguendo un linguaggio in cui l'artista recupera istanze poetiche della prima performance art per dilatarle in un'interpretazione dialettica tra il suo corpo e il contesto. In *Stigma*, agita alle Colonne di San Lorenzo a Milano nel 2012[18], l'artista ha apostrofato uomini sconosciuti, di passaggio nella piazza, dichiarando di ricordare una storia di cui era stata testimone: in questi episodi, ricostruiti dettagliatamente da Mu, l'interlocutore veniva accusato di essere autore di un atto di violenza su una compagna, una sorella, una sconosciuta (tutte le vicende di cui si serve l'artista sono fatti realmente accaduti, riportati dai media, documentati). Le reazioni degli involontari interlocutori avevano diversi esiti, alcuni leggeri, altri molto aspri, aggressivi e fisici. Tutta l'azione si delinea come un atto politico che rimette il problema morale, ma anche artistico e simbolico, della violenza sulle donne interamente alla responsabilità degli uomini. Sullo stesso tema va ricordato *La bell'ra (studi per un monumento all'attenzione)* che nel 2013 Gianni Moretti ha realizzato ispirandosi a un episodio di insensata violenza su una donna assassinata per strada[19]. Presentato come studio per un'installazione permanente nella forma di una videoproiezione nello spazio pubblico, *La bell'ra,* la falena, nel natio dialetto perugino dell'artista, racchiude nel volo dell'insetto il racconto di una morte silenziosa, una richiesta di riflessione, un tempo dedicato e astratto.

Esplorando il margine tra cronaca e memoria privata, tra morale pubblica e scelte individuali, si muovono diversi artisti come Danilo Correale, il quale si concentra su una critica ai meccanismi del capitalismo attraverso l'analisi e la decostruzione dei suoi simboli e dei suoi feticci; Gaetano Cunsolo, al lavoro sulla scomposizione delle mitografie dell'universo militare, costruisce rifugi temporanei di canne di bambù dove la transitorietà dell'architettura naturale si oppone, come una via di fuga, alla rigidità ortogonale della città e al suo regime di controllo. Eva Sauer è impegnata in indagini sui rapporti oscuri tra industria bellica, politica internazionale e spazi, fisici e immateriali, della condivisione; l'artista realizza installazioni in cui fotografie e video registrano l'evidenza, mantenendo però un lessico che si distacca dalla fredda documentazione, svolgendosi come un diario di viaggio personale. In tutti questi progetti gli artisti aprono una crepa nelle così dette versioni ufficiali della storia e dell'informazione e, soprattutto, dell'opinione comune. Ma, anche quando vengono utilizzati linguaggi e metodi da inchiesta, la destinazione data dagli artisti al proprio agire (quindi il suo senso e la sua forma) si dispiega in un campo simbolico: non intende diventare assertivo e non si schiera nel dibattito delle opinioni, per lo meno non ufficialmente. Il valore delle opere e lo spazio di espansione del loro significato dipendono sempre dall'autonomia riconosciuta all'arte, dalla garanzia che questa possa influire sulla realtà attraverso l'attivazione di pensiero critico in ognuno, o quasi, dei suoi interlocutori. Il modo in cui l'artista interpreta ruoli e prerogative dell'attivismo rivendica anche l'eventualità di non produrre conseguenze, di non essere effettuale[20]. In questo concetto molto semplice e altrettanto dibattuto si trova una delle più importanti garanzie che abbiamo di relazionarci con visioni davvero indipendenti dalle manipolazioni di qualsiasi tipo di potere (e questo diventa ancora più importante quando il dibattito è riferito alle relazioni con la sfera pubblica). L'arte non ha bisogno di sottomettersi al dovere di informare, di dimostrare e nemmeno di essere coerente. Così il suo manifestarsi al di fuori dei recinti del sistema produce zone di rischio e questo sconfinamento appare desiderabile e inevitabile come prova dell'autonomia dell'arte stessa; lo dimostra, tra l'altro, il modo in cui i custodi di questi confini controllano la loro impermeabilità e portano il sistema a essere ancora più esclusivo, a richiudersi su aree sempre più perfettamente coincidenti con la finanziarizzazione del lavoro creativo e intellettuale[21].

La forma del monumento, i simboli, le effigi

L'emblema del rapporto tra la persistenza del potere, la cultura artistica contemporanea italiana e l'estetica tradizionale del monumento nello spazio pubblico è *L.O.V.E.* di Maurizio Cattelan, collocata dal 2013, in modo ormai permanente, in Piazza degli Affari a Milano[22]. Il marmo bianco di Carrara, la mano tesa nel saluto romano dalla quale bisogna supporre che siano state erose, o scalpellate, tutte le dita eccetto il medio, l'evocazione delle rovine classiche, l'ambiguità della derisione, il rimando alla banalità becera di molta comunicazione della televisione (e del mondo politico): tutti questi fattori concorrono a figurare, con una certa dose di semplificazione, il modo in cui la sfera pubblica in Italia sia teatro di una rappresentazione del potere che unisce magniloquenza, passività estetica, disprezzo per il dialogo. L'opera di Cattelan è, come spesso nei suoi migliori lavori, la sintesi di un paradosso che mette in discussione la sua stessa legittimità. L'evocazione di un classicismo d'accatto, nella forma come nel materiale scelto, si riferisce immediatamente al più pomposo stile fascista, quasi per indicare che questo è l'unico destino possibile per la vocazione monumentale.

Lo sfondo contro il quale si innalza *L.O.V.E.* è, però, quello della Borsa di Milano, arena della speculazione finanziaria nostrana, che ha preso il posto degli emblemi del potere politico, esattamente come l'arte ormai si misura sulla scala di quotazioni astratte rispetto al suo valore simbolico.

Una revisione critica della continuità culturale e morfologica tra il fascismo e l'Italia contemporanea si legge in *Tu primo a sorgere nella generosa terra di Sicilia* di Loredana Longo. Il progetto è stato concepito specificamente per Piazza Libertà, punto nodale dell'espansione novecentesca di Ragusa, costruita sotto il fascismo e inaugurata all'epoca come Piazza Impero. Longo sfrutta lo spazio scenografico connettendo la retorica imperialista del ventennio con l'attualità del rapporto tra l'Italia e l'Africa del nord. Il titolo del lavoro riprende l'iscrizione (oggi rimossa) sulla torre littoria della Casa del Fascio che domina la piazza, "Fascismo ibleo, tu primo...", qui l'artista ha installato un patchwork di stracci che riproduce le bandiere di cinque nazioni dalle quali arriva il maggior numero dei profughi approdati sulle coste siciliane. Longo utilizza di frequente le dichiarazioni della politica e i suoi automatismi nella comunicazione per denunciare i rapporti di potere celati dietro la propaganda, sempre in contrasto con la nuda forza dell'umanità, e con la sua fragilità. In questa occasione viene evocata la vicenda della ragusana Maria Occhipinti, che nel 1945, appena ventitreenne e incinta di pochi mesi, si sdraiò davanti a un camion della milizia che aveva rastrellato i suoi concittadini. Al posto dell'eroina locale, nel 2015, davanti alle ruote di un enorme tir sono state poste sei giovani donne africane che l'artista ha incontrato in un centro di accoglienza, tutte profughe e richiedenti asilo politico. Le loro storie individuali si fanno simbolo di una resistenza che continua con la forza del corpo, condivisa lungo il tempo della storia e trasversale rispetto ai confini delle nazioni.

Le bandiere nazionali sono interpretate come la sintesi di una strategia di dominio e separazione in *Movimento* di Vittorio Corsini, realizzato a Livorno nel 2013[23]. In una sala della Fortezza Nuova l'artista ha tracciato i vessilli di sedici stati da vari continenti usando segatura colorata. L'installazione, impeccabile nel disegno e nella corrispondenza cromatica, si presentava come un tappeto compatto destinato, come un mandala, a dissolversi sotto il passaggio dei visitatori. La distruzione consapevole dei simboli che marcano la differenza, per l'artista si traduce anche in una ridistribuzione dei diritti dei cittadini rispetto all'arte pubblica, della quale viene dichiarata la permeabilità e l'impermanenza.

Un'osservazione articolata sulle morfologie del monumento è stata svolta da Lara Favaretto lungo le diverse tappe di *Momentary Monument*, ispirato alla transitorietà e al senso di perdita e di rovina che il monumento contiene nella sua funzione di testimonianza. Il progetto, realizzato tra Venezia, Bergamo, Trento,

Kassel e Kabul è una ricerca sulla negazione del visibile e sulla definizione della memoria attraverso la scomparsa. A Trento nel 2009 ha avuto luogo *Momentary Monument III*: un'installazione di quattromila sacchetti di sabbia attorno al monumento a Dante che ha risvegliato un'insospettabile affezione della cittadinanza nei confronti dell'ottocentesco gruppo scultoreo, e un più serio interrogativo sulle relazioni che l'arte crea quando viene immessa nello spazio pubblico. Tra polemiche, sabotaggi e cedimenti della trincea che circondava il monumento storico, il progetto di Favaretto rimette al centro il senso della sintesi formale che la memoria collettiva assume, o in cui la cittadinanza crede di identificarsi. A dOCUMENTA (13), nel 2012, il quarto episodio di *Momentary Monument* è stato presentato come un accumulo di scarti ferrosi scelti dall'artista per la loro espressività autonoma e sottratti, per il tempo della mostra, alla demolizione: oggetti la cui funzione era del tutto trascorsa e che, perciò, non potevano fare altro che significare sé stessi. Non una rappresentazione nel mondo in macerie ma delle macerie del mondo.

Anche il lavoro di Cosimo Veneziano si svolge in una ricerca sulla legittimità della forma monumentale, la sua imitazione e la capacità collettiva di immaginare i propri simboli. L'artista torinese punta alla rappresentazione di storie minori, spesso legate al mondo della produzione industriale e alle connessioni tra grandi progetti finanziari e vicende private. *La fine del mondo e altre meraviglie* è un fregio di immagini tratte da foto d'epoca (da tre archivi privati) inciso su un tronco di cedro a Edolo, in provincia di Brescia, nel 2011; *Questo è dunque un monumento?*, un intervento realizzato sulla fontana di Superga nel 2012, è dedicato alle operaie di una fabbrica locale ormai chiusa. Entrambi esplorano la morfologia tradizionale del monumento: la colonna e la fontana, mutuate dal mondo classico o dall'urbanistica barocca, diventano per Veneziano il supporto per memorie caduche. In chiave contro-monumentale a Siena è in corso dal 2004 *Tempo Zulu*, ideato e diretto da quattro artisti[24], che interpreta lo spazio cittadino come luogo di incontro non mediato per la produzione artistica. Diversi autori, artisti, intellettuali, sono stati invitati a ideare un elemento da inserire in modo permanente nella pavimentazione urbana, creando così una diffusione puntuale di interventi, non percepita come rete o come percorso, ma come incontro fortuito, come una possibile deviazione dello sguardo. Tra gli artisti coinvolti da *Tempo Zulu*, Luca Pancrazzi, con uno sguardo allenato alle profondità dello spazio urbano, ha decentrato il punto di vista e ha disposto la rappresentazione di due vortici di pietra, scavati dentro una forma quadrata con un foro al centro e posti a una certa distanza tra loro. L'acqua piovana, scorrendo lungo le linee dei gorghi, trasforma l'opera in un chiasmo alla verticalità turrita e immutabile di Siena.

Tutti questi progetti si interrogano sul monumento a partire dalla necessaria verifica della sua presenza nella dimensione urbana, nel segno di un confronto non risolto con il visibile e il tangibile (il "retinico" duchampiano): una sfera sensoriale irrorata da accumulazioni di senso la cui responsabilità viene però delegata all'osservatore. La percezione del reale, attraverso la sollecitazione ottica data dall'intervento artistico, produce inevitabilmente l'interpretazione dell'opera o addirittura la sua elaborazione stessa, che non potrebbe prendere forma se non al cospetto del pubblico. Il manifestarsi dell'opera nello spazio si svolge come una drammaturgia, eludendo la staticità, e il lavoro dell'arte, anche quando è composto con i materiali o con la grammatica della tradizione, trasgredisce in questo modo il paradigma della perentorietà. Il monumento, le architetture, la città composita (e genuinamente scenografica) con i suoi oggetti e soggetti storici, vengono privati della funzione imposta dal potere verticale. Diventano, e in alcuni casi tornano a essere, luoghi di condivisione egualitaria di significato: picchi visivi, culturali e cultuali, agglutinati attorno a elementi fisici o immateriali in cui una comunità riconosce la propria vocazione locale e sviluppa le proprie narrazioni[25]. Sulle immagini e sui materiali viene innescato un movimento che rende la loro visibilità instabile e delegittima qualsiasi visione esclusiva, aprendo indefinitamente il numero e la qualità delle letture attuabili attraverso i luoghi e i monumenti.

Altri artisti utilizzano forme di narrazione per sintetizzare opere in chiave antimonumentale con diversi linguaggi, in un continuo riflettere sulla storia delle immagini, scomponendo il portato egemonico sulla superficie poliedrica dell'arte. Robert Pettena compie indagini storiche e sociologiche su aspetti contraddittori della società occidentale che corrodono le icone del progresso. Così, nella lunga ricerca *Nobel Explosion*, incentrata sul creatore dell'omonimo premio nonché industriale della dinamite, l'artista porta in luce misfatti e incongruenze della politica nazionale e internazionale. Rossella Biscotti ha più volte introdotto nelle sue installazioni tracce e monumenti della storia, mentre per Michelangelo Consani i feticci e i simboli del passato e del presente compongono il mosaico di un'umanità in rovina, immemore di qualsiasi responsabilità. L'evidenza delle cose è, per Consani, una rete avvolta attorno al presente, dove icone contemporanee convivono con l'austerità del tempo storico, e tendono a confondere, o rivelare, la verità. Per Ryts Monet *Sisters* (una serie di ottantotto immagini della Statua della Libertà riprese in altrettanti luoghi della terra) sintetizza l'indifferenza in cui cade l'icona, in questo caso la controversa paladina delle libertà democratiche, spogliata di senso, dilatata e contratta come una serigrafia pop. *Searching George Brown: a conciliatory mean* è il titolo che Enrico Vezzi ha dato a una ricerca iniziata nell'estate del 2010 e tutt'ora in corso. Il progetto mette in evidenza una serie di collegamenti formali tra i monumenti dedicati a Giuseppe Mazzini e quelli eretti in Canada in memoria di George Brown, giornalista e uomo politico di origini scozzesi ricordato come padre della patria. Il fatto che Mazzini sia morto a Pisa nel 1872, sotto il falso nome di George Brown, è stato il punto di scaturigine di una serie di interrogativi su altri collegamenti. Il lavoro si compone come un puzzle di cui Vezzi dispone le tessere mentre lascia vuoti alcuni spazi come inquietanti zone d'ombra.

Una domanda sulla memoria del ventesimo secolo, riguardante le effigi di filosofi, artisti e altre figure eminenti della cultura contemporanea e la persistenza della loro influenza, ritorna nelle opere di Paolo Chiasera: dal monumento al rapper Tupac Amaru Shakur, nel 2005, all'iconoclastia di *Forget the Heroes*, nel 2008, una riflessione sul lascito di Adam Smith, Le Corbusier, Seymour Cray e Noam Chomsky. Sulle icone facili dell'aggregazione globale, sulla retorica intrinseca alla politica nazionale e mondiale, e sulla manipolazione dell'immaginario attraverso gli imperativi morbidi del mercato, si interroga Giuseppe Stampone, autore di un'estetica originale giocata sulla sovrapposizione dei linguaggi decodificati. Attraverso la loro intersezione in mappe, manifesti, display informali e azioni performative condivise nello spazio pubblico, l'artista genera cortocircuiti cognitivi. Le opere di Stampone svelano l'evidenza delle connessioni tra i dissesti prodotti dal capitale e l'incapacità di farvi fronte, mettendo sotto accusa i sistemi di comunicazione e la responsabilità individuale di ogni singolo cittadino. Tutti i suoi progetti si fondano sul rapporto uno a uno che l'arte crea con i suoi osservatori e sulla necessità di riesaminare la pedagogia e la formazione, dalla *Global Education* alla più recente evoluzione di *The Architecture of Intelligence*, sviluppata come precipitato formale di una ricerca incentrata sulla pluralità della conoscenza, base per un'autentica autonomia del pensiero[26].

Lo spazio della città e del paesaggio

Sulle possibili agglutinazioni della città, sul suo dipanarsi in relazioni e scambi, in Italia fa scuola il lavoro del collettivo Stalker/Osservatorio nomade, fondato a Roma nel 1995 e attivo anche all'estero con progetti di osservazione della forma metropolitana, con una specifica attenzione alle aree marginali, all'instabilità dei flussi, alle cittadinanze non convenzionali. Le attività di Stalker si svolgono elettivamente in quelli che lo stesso collettivo ha definito i "Territori attuali" che sono leggibili come "il negativo della città costruita, aree interstiziali e di margine, spazi abbandonati o in via di trasformazione.

Sono i luoghi delle memorie rimosse e del divenire inconscio dei sistemi urbani, il lato oscuro delle città"[27]. Mappature, video, interventi fulminei e percorsi di osservazione e interpretazione dei luoghi abitati, abusati, reinventati puntano a sollecitare il sorgere di cittadinanza consapevole per dare corpo a interlocutori attivi ed esigenti nel dibattito sulla pianificazione urbana e le trasformazioni imposte dagli strumenti di gestione territoriale.

In questa stessa prospettiva sono innumerevoli le situazioni che negli ultimi venti anni hanno preso vita attraverso la penisola e che mirano a un punto di incontro tra il governo ufficiale del territorio e l'organizzazione popolare; ne nascono formati alternativi di progettazione, sviluppo, riuso, riqualificazione, plausibili solo nell'ottica di un recupero autentico della sodalità sociale e dell'adesione tra configurazioni costruite della città e beni immateriali. Sebbene si tratti di esperienze maturate grazie a un confronto internazionale, con modelli di interdisciplinarietà nel ricorso alle fonti, ai materiali e ai processi, un fattore dirimente di tali progetti risiede nella loro dimensione locale. Con questo si intende chiarire che l'intervento non può essere episodico e che rigetta la tentazione del tipico, del popolare, del tradizionale, mentre ha il dovere di partire da "un'etica basata su un'esperienza spaziale e un senso comunitario"[28], come sostiene Pelin Tan. Senza opporsi ideologicamente al globale e senza prestarsi, quindi, alle mistificazioni degli oltranzismi di bandiera xenofoba e campanilista, il locale in questi casi esprime un modo di agire, una prassi concreta; il locale "diventa un atto in sé e per sé, che ha luogo in una sfera definita dalla politica dello spazio," ma non manca di includere informazioni, concetti e mezzi derivanti "dalla trasformazione economica, dai media e dalle forme del comportamento umano"[29].

Il locale, sfuggendo così alla peggiore declinazione del folkloristico, può essere analizzato e ricostruito anche ai margini delle città del nord industriale italiano, in aree in cui l'espansione urbana ha prodotto le ricadute peggiori della sua crescita, tra zonizzazione scriteriata e speculazione senza freni. È proprio in tali distretti che sono stati sviluppati alcuni tra i più consistenti tentativi di dialogo con gli abitanti, tesi a immaginare forme di narrazione condivisa intese come possibile riscatto o nuovo punto di partenza. Il collettivo torinese a.titolo, con *Nuovi committenti*, ha portato gli artisti e i cittadini del quartiere Mirafiori Nord su un piano di confronto orizzontale. *Nuovi committenti* si basa sulla sperimentazione di meccanismi di produzione culturale in cui le comunità e i singoli cittadini si trovano all'origine di un percorso generativo, al termine del quale dovrebbe scaturire la responsabilità verso il bene comune così creato[30]. Tra gli artisti coinvolti si ricorda il progetto di Claudia Losi che in più fasi, coltivando un paziente e rispettoso tempo di entrata, è riuscita a creare un contatto con gli abitanti e a dare valore alla direzione del loro sguardo, al panorama sociale modellato dai loro occhi. *Aiuola Transatlantico* prevedeva la riqualificazione di uno spazio di attraversamento e, coerentemente con il disegno di Losi, nella condivisione con i residenti l'obiettivo è diventato istantaneamente un mezzo: uno strumento per ricondurre la vita del quartiere su un piano di confronto simbolico, e in un certo senso neutro, ma ben calato all'interno dei conflitti esistenti. Si abbandona quindi qualsiasi intento demiurgico assegnato all'arte e si sperimentano forme linguistiche innovative, possibilità di incontro e di azione[31].

Parallelamente, dai primi anni 2000, a Milano un gruppo di artisti e curatori ha avviato Isola Art Center, nel quartiere Isola, una zona che solo in quegli anni stava entrando nel mirino di speculazioni edilizie. Il progetto è caratterizzato da una spiccata apertura alla collaborazione con autori provenienti da tutto il mondo e da tutte le nicchie del sistema dell'arte, unita al forte radicamento nel quartiere; Isola Art Center auspica dalle sue origini la creazione di un dialogo con gli abitanti in cui l'arte non abbia né effetti esornativi né il tono di un'apparizione aliena. Nel 2003 la "Stecca degli artigiani" è stata convertita in un centro per l'arte, fulcro di attività, relazioni e servizi e ha costituito per un certo periodo un polo attrattivo per il quartiere. L'operazione era stata pensata come forma di resistenza civile all'abuso della città e, dopo lo sfratto e la demolizione della Stecca, nel 2007, con la conseguente privatizzazione dei terreni e la distruzione del verde pubblico e di una vasta area di socialità condivisa, Isola ha continuato ad agire negli spazi del quartiere stesso[32]. Tra le realtà presenti in modo non convenzionale nei luoghi storici dell'habitat sociale a Milano, va menzionato anche Macao, Nuovo Centro per le Arti, la Cultura e la Ricerca, nato dal raggruppamento di artisti e teorici di varie discipline che, con occupazioni creative e un'insolita abilità comunicativa, mettono in pratica operazioni creative, formative e di resistenza civile per "sostanziare l'idea di cultura come bene comune", anche in una visione di rete con analoghe realtà milanesi e italiane.

In un'area che comprende la performance, la pratica partecipativa e l'installazione, si colloca l'intervento che il collettivo Spazi Docili conduce in forma quasi permanente nel quartiere di San Lorenzo a Firenze, attorno all'enorme volume dell'Ex Monastero di Sant'Orsola. Questo, incuneato in un'area ad altissima densità, occupa un intero isolato chiuso su tutti e quattro i lati, e oggi costituisce una specie di buco nero nella percezione sociale e fisica della città. Con il coinvolgimento attivo della comunità residente (quella permanente e quella transitoria, commercianti, abitanti storici e di recente insediamento), Spazi Docili ha animato percorsi simbolici di riappropriazione dell'architettura e dello spazio, costruendo l'icona-feticcio e il culto laico di sant'Orsola (ormai un nome vuoto per tutto il quartiere) e contribuendo alla riapertura del dibattito sulla destinazione di un bene di pubblica proprietà. Nello stesso quartiere del capoluogo toscano, tra prassi di cittadinanza attiva e solidale e interventi artistici collegiali, vanno registrate le attività tutt'ora in corso del gruppo *Qualcosa da dire*, promosso da Meri Iacchi e vitale grazie al sostegno e al lavoro di residenti, artisti e studenti, e la presenza del collettivo studentesco la Polveriera; entrambi i progetti sono propositori di una visione ampliata e inclusiva nella definizione dell'appartenenza ai luoghi[33].

La stratificazione delle città italiane, con impianti viari, architetture, rapporti reciproci tra le loro parti che incorporano più di duemila anni di storia urbana, corrisponde alla varietà dei loro abitanti e riflette chiaramente la permeabilità dei confini: una vocazione alla contaminazione, un'apertura multiculturale in netto contrasto con ogni retorica dell'identità. In tale cornice la presenza diffusa di basi operative per il contemporaneo appare intrecciata in modo fisiologico alla comunità. L'arte nella sfera pubblica nelle città, nelle periferie e nei borghi d'Italia, illustra una declinazione caotica, polimorfa e meticcia della capacità di coltivare appartenenza, anche grazie a una caratteristica disponibilità a chiamare in campo elementi del simbolico e del magico: una condizione di cittadinanza rinnovabile e disponibile a nuovi attraversamenti, ancora resistente a quelle pressioni politiche e culturali che indicano stili di vita meno solidali, dominati dai traguardi di un benessere privato a scapito della coesione e della mutualità.

La vena di sentimentale e disordinata familiarità che gli italiani vantano con le forme dell'arte facilita la comprensione del meccanismo inclusivo dell'arte stessa, specialmente quando tende a raccogliere e a raccontare patrimoni immateriali collettivi, anche in modo transitorio, persino effimero. Si rinverdisce così un certo tipo di ritualità sociale: lo stesso che disciplina i rapporti del singolo rispetto alla comunità e che si manifesta in liturgie laiche e religiose, connesse al mondo del lavoro, delle relazioni affettive, dei rapporti vicinali, lo stesso che, infine, ordina la compagine sociale attraverso qualcosa che somiglia a una narrazione più che a una rappresentazione. È importante ricordare come la memoria non tangibile, le unicità linguistiche, i racconti orali e le tradizioni laiche e religiose siano in larga parte funzione di una coesione del panorama nazionale altrimenti in frantumi: l'anima di una tenuta adesiva che dai margini, dalle campagne, dalle aree meno industrializzate, dalle zone di confine si muove verso il centro e i centri.

Lo spazio della sedimentazione della memoria riguarda, dunque, il paesaggio inteso come inclusivo dello spazio urbano e di quello rurale, segnato ovunque dall'antropizzazione e, sempre più spesso, devastato da abusivismo e speculazione. Costellato da autentiche cattedrali nel deserto, il territorio italiano, a partire dalla Sicilia, è stato mappato dal collettivo Alterazioni Video nell'ambito di *Incompiuto siciliano* che definisce "il paradigma interpretativo dell'architettura pubblica in Italia dal dopoguerra a oggi." L'estensione di un problema di corruzione politica e pessima amministrazione del territorio a dimensione culturale è chiara al collettivo, al punto da arrivare a proporre la monumentalizzazione dell'esistente in un "Parco Archeologico dell'Incompiuto" per il Comune di Giarre, in provincia di Catania. L'istituzione del Parco, sostiene Alterazioni Video, potrebbe trasformare la rassegnata accettazione dello stato di fatto nella rivalutazione di tratti distintivi, con un'estetizzazione della prassi che verrebbe ribaltata in una potenziale risorsa. Il non finito architettonico come questione antropologica guida anche la ricerca fotografica di Angelo Maggio in Calabria. *Cemento amato* rivela l'affezione muta e corale a un paesaggio urbano condannato a ripetere se stesso, in una dimensione caratteristicamente famigliare di piccole imprese quasi domestiche, tra le macerie di ogni idea di abitabilità dello spazio urbano. Entrambi i progetti (e molti altri analoghi) raccontano una vera e propria crisi di identità del Bel Paese in cui la rielaborazione di simboli costituisce una risposta positiva, anche se disperata, e si ancora alla stessa abilità poetica che lega gli individui al territorio.

Sul paesaggio agrario e naturale, sulla sua vitalità, e sulla centralità nella redazione di una narrazione dal basso, Emanuela Ascari ha sviluppato *Ciò che è vivo ha bisogno di ciò che è vivo*: un viaggio compiuto in controtendenza alla demagogia consumista, travestita da folklore, di Expo 2015 e di tutti i grandi marchi del presunto consumo alternativo. I caratteri che compongono il titolo, in forma tridimensionale, sono stati portati e installati in varie zone l'Italia, cercando e individuando una rete di realtà che basano la propria economia nel segno "della sovranità alimentare, della biodiversità e della vitalità dei terreni", come dichiara l'artista. Emanuela Ascari ricostruisce così in versione estensiva il concetto di ecosistema, includendo tutti i fattori antropici e naturali, percependo la memoria del fare e dell'essere come caratteri fondativi della coscienza collettiva[34].

Rispetto alla relazione tra l'ambiente antropizzato e il paesaggio, uno sguardo diverso è quello che Daniela De Lorenzo ha posato sulla Daunia, area della provincia di Foggia abitata in tempi remoti dalla cultura italica dei Dauni. L'artista ha individuato un punto di unione, una possibile coniugazione visiva e culturale tra l'installazione di enormi tralicci nella regione e alcuni manufatti archeologici. Tre enormi vasi, stilizzati in linee geometriche e realizzati in struttura tubolare, sono stati inseriti nella gabbia di altrettanti tralicci: un elemento topico del paesaggio contemporaneo si espande così per accogliere la sagoma di una memoria storica, un autentico monumento alla continuità dell'insediamento umano.

Storie private e riconciliazioni collettive

Quando l'orizzonte è quello della collettività, specialmente in piccole comunità, la ricerca di un tratto comune prende la conformazione di una memoria del corpo, della sapienza delle mani, del mestiere, tramandato, rinnovato e contaminato e, soprattutto, vissuto come un luogo di incontro attraverso le generazioni. In un paesaggio nazionale in cui persiste la continuità tra mondo agricolo e urbano, lo sguardo e l'intervento degli artisti riescono a trasformare il minuscolo orgoglio locale in un grande mosaico di capacità narrative che attraversa la penisola. Monumenti collettivi, fatti di azioni e forme transitorie, baratti, parole, racconti volatili, passaggi di conoscenze, fanno proprie l'oralità della trasmissione, l'immaterialità dei beni, la loro deperibilità e pongono così la base per una riconciliazione tra i membri della compagine sociale, come pure per il riconoscimento delle fratture esistenti. C'è un caso importante da citare che costituisce una sorta di precedente nobile per questa vocazione dell'arte italiana, avvenuto in un periodo in cui l'interesse per lo spazio pubblico e per le relazioni di potere sembrava tramontato oltre l'orizzonte del Postmodernismo. Si tratta di *Legarsi alla montagna*, l'azione che Maria Lai ha realizzato nella sua Ulassai nel 1981, "incarnando la preposizione da lei stessa espressa che non ci sia arte senza politica"[35]. Il progetto nacque come risposta dell'artista alla richiesta del comune di un monumento ai caduti. Dopo un lungo dialogo con i suoi concittadini, ispirandosi ad alcune leggende popolari, Maria Lai condusse l'intero paese a legare tra loro le abitazioni con un nastro azzurro, per un solo giorno. Pani decorati tradizionali e nodi allacciati ad alcuni tratti di nastro mettevano in evidenza le relazioni di amicizia esistenti tra le varie famiglie. Al tempo stesso la loro assenza rendeva visibili anche le tensioni, "così gli abitanti furono chiamati ad assumersi pubblica responsabilità dei propri atti e sentimenti"; una semplice evidenza, o la sua mancanza, diventa essenziale sia "per riconnettere il paese alla sua memoria storica, sia come matrice per tornare a immaginarsi comunità"[36].

Alessandra Pioselli ricorda quanto *Legarsi alla montagna* "fu intrinsecamente politica nell'eleggere a proprio referente il cittadino"[37], anticipando all'inizio degli anni Ottanta pratiche e visioni dell'agire politico che una generazione di artisti avrebbe fatto proprie oltre quindici anni più tardi. La politicizzazione dell'arte, alla quale si riferisce la maggior parte delle situazioni qui descritta, non si configura in schieramenti riconoscibili, è remota dal clamore dei dibattiti tra i partiti e dallo sperpero di parole che echeggiano nei media, non agisce per incidere su questioni di ordine pubblico con happening e cortei, come era avvenuto nei decenni precedenti. Si tratta di una concezione del politico che si intesse in uno scambio di sguardi, nell'apprendimento reciproco, nella conoscenza e nell'accoglimento dei cambiamenti in corso all'interno della collettività: è una forma di ricostruzione del rapporto dell'individuo con il proprio habitat e avviene per lo più attraverso condivisioni che non prevedono la produzione di beni materiali o durevoli. Nel quadro di queste possibili relazioni da attivare o stimolare, gli artisti elaborano scenari, dispositivi e inneschi, partendo sempre da una specie di neutralità, o di sospensione, rispetto agli esiti e alla funzionalità del loro intervento, sollevando domande che non puntano a individuare soluzioni ma, a volte, possibili connessioni.

Sulla base del dialogo alla pari e del passaggio di conoscenze si delinea un'estetica che contraddistingue le ricerche e gli esiti di molti artisti, secondo un'interpretazione della partecipatività comprensiva di approcci pedagogici e formativi, impiegati anche come fattore aggregante e come veicolo per accedere a gruppi sociali difficilmente permeabili. Marinella Senatore fonda la sua ricerca sulla condivisione autoriale mettendo in opera officine sperimentali in cui vengono valorizzati l'impegno e la competenza di ogni partecipante. Tra i suoi lavori, spesso cantieri aperti in più luoghi e su lunghi periodi, *The School of Narrative Dance* è un dispositivo formativo, senza struttura fisica e senza sede fissa (muovendosi tra capitali di tutto il mondo e piccoli centri), in cui vengono testati approcci pedagogici basati sullo smussamento della frontalità, sull'auto educazione, sul *learning by doing*. La sua vocazione transdisciplinare e la sua natura nomadica rendono *The School of Narrative Dance* una piattaforma interculturale, antigerarchica, in cui il processo formativo non è dominato dalla correttezza rispetto ai risultati ma diventa un'assemblea pubblica sperimentale. Le parate e gli spettacoli al cospetto del pubblico hanno quindi un valore formale relativo, mai preminente rispetto al processo; il momento performativo ha comunque l'importanza di creare un punto di aggregazione, e anche una specie di misura tra il risultato e quello di cui prima i singoli e i gruppi non pensavano di essere capaci. Anche in *Nui Simu* (realizzato con gli ex minatori di zolfo a Enna nel 2010) o in *Estman Radio Drama* (radiodramma in quattro puntate, costruito con gli operai ed ex operai di Forte Marghera, trasmesso in tutta Italia) il coinvolgimento dei residenti, del quartiere, al fianco di gruppi di studenti e altri attori sociali (in alcune edizioni anche rifugiati politici, attivisti, organizzazioni pacifiste), guida l'intera operazione, dal casting alla redazione della drammaturgia, comprendendo tutte le fasi di backstage.

Una precisa attenzione ai processi educativi è centrale nell'intera ricerca di Valerio Rocco Orlando, sensibile all'ecologia sociale che scaturisce dalle prassi pedagogiche, alla varietà di tensioni, speranze, proiezioni che convergono e si diramano dai luoghi e dai protagonisti della formazione. *What education for Mars?* si è svolto attraverso tre continenti in un lungo percorso di lavoro sul campo con incontri e confronti aperti con gli studenti di diverse istituzioni educative (a Roma, in India, a Cuba). Il risultato, in forma di video, crea la cornice per un ulteriore passaggio che riguarda visitatori e gruppi di studenti della città in cui viene presentato il lavoro. La formazione artistica diventa un elemento generativo di altri percorsi che nascono sempre da un contatto diretto da un dialogo alla pari, dalla prova della capacità di comunicare. Lo stesso principio anima *Una domanda che cammina*, in corso dal 2015, che porta nelle piazze pubbliche un parlatorio privato, in cerca di una drammaturgia a più mani sul viaggio e sulla comprensione delle sovrapposizioni culturali del territorio[38].

È frequente il ricorso a una declinazione di taglio strettamente performativo per creare il tramite tra una memoria dispersa e il pubblico che sceglie di partecipare alla sua ricomposizione in uno spazio momentaneamente scenico, sia in luoghi deputati sia in spazi del quotidiano. Il corpo che incarna questa unificazione temporanea, anonimo e plurale, viene chiamato a riempire di senso una connessione con il passato, tra lessico famigliare e cultura popolare. Agendo su questo margine Marcello Maloberti crea azioni che uniscono un'osservazione di taglio quasi sociologico al ritmo delle feste di quartiere, con tutti i riti preparatori, con l'estetica che le rendono uniche a loro modo e identiche in ogni parte d'Italia. La festa è il culmine di un processo che raccoglie una coralità di interventi spontanei, entusiasmo, aspettative, e si coagula in un innesto tra patrimonio della relazione quotidiana, musica disco, cibi tradizionali ed elementi di cultura pop (infiltrati o presenti naturalmente) che rappresentano il vero tratto unificante di un panorama sociale. L'artista attiva le feste in luoghi fortemente connotati come la Vucciria di Palermo (*Circus*, 2007), oppure in non-luoghi di aree metropolitane come la piazza del mercato di Scandicci, dove Maloberti ha realizzato il concerto estivo di tre camion betoniera con distribuzione di granita tricolore a tutti i partecipanti (*Ghiaccio*, 2009). Nelle performance di Francesca Grilli tratti della memoria privata dell'artista si incrociano con ampi scenari dell'immaginario collettivo. In *Arriverà e ci coglierà di sorpresa* due anziani danzatori, oltre i sessantacinque anni, si esibiscono in un liscio destinato a terminare solo al sopraggiungere della stanchezza; la videoproiezione di una balera deserta ma perfettamente addobbata fa da sfondo a questa danza, con tutti i richiami dei ricordi personali dell'artista e le evocazioni di un mondo, reale e cinematografico, che descrive l'Italia attraverso un secolo di storia minuta. Nelle opere di Filippo Berta si svolge un rapido avvicendarsi di ruoli, responsabilità e sovrapposizioni identitarie: il pubblico diventa testimone di se stesso, in modo immediato, senza prove, seguendo un semplice canovaccio per azioni la cui durata non è definibile in anticipo. *Happens Everyday*, ambientato nell'aula di una scuola nel 2012, vede coinvolto un gruppo di adulti ai quali viene richiesto di sollevare un banco al di sopra della propria testa e rimanere in questa posizione: una gara di resistenza, una parodia, appena simulata, della competizione intrinseca alla disciplina e alla vita di tutti i giorni. In *Allumettes*, realizzato in più luoghi dal 2013, alcune persone raggruppate al buio, in una formazione geometrica, accendono un fiammifero dietro l'altro, nel tentativo di mantenere visibile la struttura fragile di cui fanno parte. All'esaurimento dei fiammiferi disponibili, ognuno lascia il proprio posto per congiungersi agli spettatori e osservare l'estinguersi delle piccole fiamme.

È proprio la fragilità a conferire valore a tutte le esperienze qui descritte: la precarietà dell'equilibrio tra l'emozione dell'arte (il suo attraversare la vita, la sua parusia e il dissolvimento) e lo sforzo di ancorarsi al proprio centro poetico, la fatica sul dilemma insepolto della forma, il dubbio, sempre inedito, che sorge a ogni svolta sulla scelta del linguaggio o sulle sue interferenze. Tutto questo mentre dura, perenne, l'interrogativo sul tipo dialogo che l'arte sta aprendo con la realtà, sul numero di persone che vi entreranno in relazione, determinando la durata e l'intensità della sua vita, sull'autosufficienza dell'opera rispetto al bisogno di essere decifrata. A volte l'opera non basta, "ma non servono solo spiegazioni", sostiene Chus Martínez, "serve anche un'immaginazione impertinente capace di contrastare la natura della vita accademica, di un linguaggio delle discipline capace di rappresentare solo se stesso"[39].

Relazioni e condivisioni

Ancora oggi le operazioni più interessanti e genuinamente fondate sul desiderio di costruire narrazioni condivise prendono forma lontano, spesso lontanissimo, dai principali centri di produzione e scambio del contemporaneo. In luoghi geograficamente eccentrici del meridione, in una dimensione persistente (ma per niente lirica o pittoresca) della vita comunitaria sono attualmente in corso progetti di residenza artistica, con il carattere di una presenza continuativa e non sporadica, e che propongono una messa in discussione della vulgata partecipativa, dirigendosi verso un rapporto consapevole e fortemente dialogico tra artista e contesto. A Latronico, in provincia di Potenza, Bianco-Valente e Pasquale Campanella sono i fondatori di *A cielo aperto*[40] che dal 2007 impegna vari artisti nella realizzazione di installazioni all'aperto, occupando principalmente, ma non solo, il borgo antico del paese. Le opere nascono da residenze a lungo termine e sono tutte pensate come presenza permanente; questi due elementi contribuiscono a rendere i residenti attenti e partecipi, interlocutori in una relazione che non finge mimetismi sociali ma riconosce all'artista uno statuto di eccezionalità; così viene garantita una zona franca, sensibile e concettuale, di libera azione per gli autori che, da parte loro, cercano nella vita del paese e nelle persone un canale indispensabile e la materia prima per il proprio lavoro (attraverso laboratori, indagini informali e un'adesione senza filtri alla quotidianità). L'esito si dimostra quindi come un ritratto collettivo, in cui il peso della storia locale è forte e ha il tono e il colore reali di Latronico così com'è, raccogliendo tutti gli strati del passato condiviso, dei lutti privati, delle speranze di tutti. Nel 2009 Michele Giangrande ha installato un fascio di luce rossa nella cella campanaria del campanile posto in cima al paese, un *Faro* che si accende ogni quarto d'ora restituendo alla notte il ritmo perduto del rintocco (sospeso nelle ore notturne) e lanciando verso il tempo e lo spazio un richiamo a tutti i latronichesi lontani. Nel 2012 Stefano Boccalini, con *Una parola su Latronico*, ha installato sui muri del paese le parole (ritagliate da una lastra di ferro) raccolte tra gli abitanti, "termini di un lessico popolare e condiviso, odoroso di abitudini dello sguardo, poroso come la memoria di ogni comunità"[41]. Nell'estate del 2015 sono stati Bianco-Valente a produrre un lavoro per Latronico[42]: è una scritta di metallo collocata sul crinale lungo il quale si inerpica il borgo antico, e da lì guarda alla parte nuova, più vitale e dinamica, del centro. *Ogni dove* è una descrizione che si riferisce sia al mondo fisico, in cui sono dispersi gli uomini e le donne che hanno lasciato Latronico, sia a un'estensione spirituale che dissolve e riassume il ricordo. *Ogni dove* ha a che fare con la memoria, nel modo in cui viene concepita a Latronico, un luogo del possibile con una caratura quasi religiosa; come la maggior parte degli interventi di *A cielo aperto* anche l'installazione di Bianco-Valente propone appena una traccia, il punto di spicco per un viaggio verso il non visibile, verso tutto quello che è immaginabile individualmente, e che viene condiviso grazie a un linguaggio che rende la comunità riconoscibile a se stessa.

In Puglia[43] un gruppo radunato sotto il nome Lu Cafausu[44] celebra da sei anni, ogni 2 novembre, *La Festa dei Vivi (che riflettono sulla morte)*. L'evento, tra antropologia e fibrillazione estetica, può prendere forma in vari luoghi d'Europa e del mondo ma ha il suo centro aggregante a San Cesario di Lecce, dove sorge appunto Lu Cafausu (versione dialettale di coffee-house): un piccolo padiglione del Settecento rimasto intatto, tra colate di cemento e nuove costruzioni, a rappresentare uno spazio simbolico, una porta verso dimensioni reali e immaginarie. Lu Cafausu è, infatti, "un luogo immaginario che esiste realmente" e può accogliere letture, videoproiezioni, canti e cerimonie sincretiche cui partecipano gli artisti del gruppo permanente, altri autori e semplici cittadini, come in un comune santuario. Nella *Festa* del 2014 è intervenuto, tra gli altri, Francesco Lauretta con una tappa del suo studio da pittore nomade in cui ritrae modelli che posano come se fossero morti. Sfidando ogni superstizione e ogni aporia filosofica, Lauretta restaura in questo modo la prossimità tra la vita e la morte: una coesistenza caratteristica della cultura meridionale che rivela, al tempo stesso, un attaccamento all'icona e un immutabile *cupio dissolvi*.

In Abruzzo, in un'area fertile di iniziative legate alla cultura del territorio, ma sempre più fragile e compromessa per le politiche di sfruttamento (dalle trivellazioni nel mare Adriatico ad altre forme di speculazione delle risorse), dal 2007 ha luogo Guilmi Art Project, residenza artistica fondata e diretta da Lucia Giardino e Federico Bacci. Guilmi è un paese dell'Alto Vastese, in provincia di Chieti, condizionato da un progressivo diradamento demografico, con continue emergenze di collegamento stradale, rifornimento idrico e altre situazioni che ne amplificano l'isolamento. La comunità, di poco più di trecento residenti, litigiosa, contrastata e compatta, continua a nutrire un fortissimo attaccamento alla propria storia, alle tradizioni, alla terra che la circonda. In questa cornice, Gap chiama artisti italiani e internazionali a esprimersi in un'interazione le cui regole cambiano secondo la disponibilità degli abitanti di mettersi in gioco, e anche in base al punto in cui si verifica l'incontro tra una visione autoriale originaria e la marea montante delle sollecitazioni, delle richieste di attenzione, della curiosità, via via sempre più critica e attenta, da parte dei guilmesi. Anche qui, come a Latronico, la grammatica dell'arte partecipativa lascia il posto a una frontalità in cui l'artista ha bisogno della comunità per il nutrimento del proprio disegno. Lontano da ogni retorica, gli autori finora coinvolti hanno realizzato le proprie opere su un piano di negoziazione sia poetico sia pratico, essendo alcune cose possibili solo grazie alla cooperazione degli abitanti. Nel 2010 Alessandro Carboni ha infranto le regole dell'ospitalità chiedendo una lampada a ogni famiglia. In un paese completamente oscurato ha poi condotto i paesani in una processione laica, portandoli infine a ritrovare in una piazza le lampade, accese una dopo l'altra: oggetti intimi di una collettività che continua, in modo naturale, a riconoscersi e intrecciare relazioni tra pubblico e privato. Fabrizio Prevedello, nel 2013, ha restituito ai guilmesi la comprensione della torre dell'acqua, architettura necessaria che dagli anni Sessanta è entrata in competizione ottica con il singolare campanile a cipolla nello skyline del paese. L'artista ha realizzato e installato sulla torre una scultura, *Solido alle intemperie*, fatta di gesso e ferro, sensibili al tempo e destinati a disaggregarsi nel giro di pochi anni. Juan Pablo Macias nel 2014 ha fondato, in collaborazione con molti coltivatori locali, una banca di scambio e conservazione di sementi antiche e biologiche, ispirandosi alle teorie che il pensiero anarchico ha sviluppato specificamente sull'agricoltura. Elena Mazzi, nell'estate 2015, ha innestato sul patrimonio di una ricca tradizione orale, nutrita dall'artista con approfondimenti sull'antropologia abruzzese, una forma di rappresentazione iconica. Gli uomini e le donne di Guilmi si sono così ritrovati attori e narratori, come personaggi lungo il fregio di un portale gotico, interpreti di un'attualizzazione delle storie e del tempo. Il lavoro compiuto è stato presentato sotto forma di mostra itinerante, allestita in un furgone di quelli che portano in paese merci non più vendute dai pochi negozi rimasti, mentre nella cabina guida un guilmese leggeva al megafono le storie riscritte dall'artista[45]. Un indispensabile spazio per chiarimenti e nuovi interrogativi, in cui gli abitanti avvertono il peso del proprio ruolo di destinatari e interlocutori delle opere d'arte, è la Nuova Didattica Popolare. Curata da chi scrive a partire dal 2013, NDP dà appuntamento a un pubblico ormai fedelissimo in una piazza raccolta, in cima al paese, dove i guilmesi arrivano la sera dopo cena, portando con sé una sedia da casa. Senza nulla concedere in termini di condiscendenza, modulando il linguaggio ma mantenendo alti e arditi i temi (l'ambiguità dei monumenti, la resistenza, il concetto di comunità, il senso dell'arte, la problematicità della memoria, le finzioni dell'apparenza), gli incontri si sviluppano tra visione di immagini e frammenti video, con appassionati dibattiti in cui l'arte abbassa "il gradino del suo piedistallo, quella più contemporanea scosta il velo fumoso del concetto, quella antica si toglie l'aura del miracoloso e insieme si mettono al servizio dell'esperienza del pubblico, come note al margine, come link d'immagini alla vita dei singoli presenti"[46].

Tutte le storie descritte in quest'ultimo capitolo tracciano un concetto parzialmente inedito, se osservato con gli strumenti e i metodi del contemporaneo: è quell'idea di "museo disperso in grado di dissolversi e riapparire in ambienti differenti rimanendo rivolto al rafforzamento dell'idea dell'arte come 'mondo altro' e alla diffusione di questa idea in modi tali per cui le persone possano accoglierla"[47]. E tutti questi progetti impongono un interrogativo su cosa implica il coinvolgimento della comunità nel processo creativo, indipendentemente dal bilanciamento dell'autorialità. Le uniche risposte, sempre aperte, elastiche, incerte, riguardano la fiducia nell'arte (fondatissima e immensa), e la speranza riposta nella capacità della collettività di rispettare se stessa e di accogliere le forme e i linguaggi contemporanei. Alla base di tutto c'è la considerazione dell'impegno di ogni uomo di procedere alla comprensione del mondo come intellettuale, con il proprio punto di vista, con l'esercizio di una coscienza critica che "contribuisce a sostenere o a modificare una concezione del mondo, cioè a suscitare nuovi modi di pensare"[48].

1. Sul tema specifico dell'arte italiana in relazione con lo spazio pubblico si raccomanda, tra gli altri, Alessandra Pioselli, *L'arte nello spazio urbano. L'esperienza italiana dal 1968 a oggi*, Johan & Levi Editore, Milano 2015; Anna Detheridge (a cura di), *Arte pubblica in Italia. Lo spazio delle relazioni*, catalogo della mostra, Cittàdellarte - Fondazione Pistoletto, Biella 2003; Anna Detheridge, *Scultori della speranza. L'arte nel contesto della globalizzazione*, Einaudi, Torino 2012.

2. Detheridge, *Cit.*, 2012, p. 4.

3. *Ibidem*.

4. Sull'argomento cfr. Chiara Frugoni, *L'affare migliore di Enrico. Giotto e la cappella degli Scrovegni*, Einaudi, Torino 2008.

5. Gaglianò, *Cit.*, 2014b, p. 11.

6. Pioselli, *Cit.*, 2015, p. 22.

7. *Ivi*, pp. 57 e ss..

8. *L'Anarchitetto* di Gianni Pettena costituisce il manifesto irriverente e lucidissimo per una proposizione aperta, immaginativa e interdisciplinare dell'architettura. Sull'Architettura Radicale e sulle sue relazioni con la scena internazionale cfr. Gianni Pettena (a cura di), *Radicals. Architettura e design 1960/75*, catalogo della mostra, VI Mostra Internazionale di Architettura, La Biennale di Venezia 1996, Il Ventilabro, Firenze 1996.

9. Pier Paolo Pasolini, *L'articolo delle lucciole* (apparso sul "Corriere della Sera" con il titolo *Il vuoto del potere in Italia*, 1 febbraio 1975), in *Scritti Corsari*, Garzanti, Milano 1975-2010, p. 131.

10. Christian Caliandro, *Italia Revolution. Rinascere con la cultura*, Bompiani, Milano 2013, p. 54.

11. Pioselli, *Cit.*, 2015, p. 117.

12. Curato da Julia Draganović e Claudia Löffelholz de LaRete Art Projects a Bologna, tra il 2010 e il 2012.

13. Robert Klanten, Matthias Hubner, Alain Bieber, Pedro Alonzo (a cura di), *Art & Agenda. Political Art and Activism*, Gestalten, Berlino 2011, p. 242.

14. Il museo accoglie anche un'opera concepita appositamente da Christian Boltanski: una presenza densa e immateriale, fatta di specchi, voci, luci che pulsano al ritmo del respiro. Una "indecidibile presenza dell'assenza", avrebbe detto Jacques Derrida.

15. Il caso recente nato attorno a un'altra opera di Favelli, il murales dedicato al calciatore del Cosenza Gigi Marulla, rimette al centro l'attaccamento della cultura contemporanea al visibile, qui declinato nella sua forma deteriore, "letterale, puramente illustrativa [...] scontata", condividendo le parole usate dall'artista su Artribune nell'atto conclusivo di tutta la vicenda; cfr. www.artribune.com/2015/09/polemiche-a-cosenza-ai-tifosi-non-piace-il-murale-di-flavio-favelli-dedicato-al-calciatore-gigi-marulla-e-interviene-lo-street-artist-lucamaleonte.

16. Riportato da Lorenza Pignatti in *Mind the Map. Mappe, diagrammi e dispositivi cartografici*, Postmedia Books, Milano 2011, p. 49.

17. La decisione è stata presa dal comune della città quasi contemporaneamente all'istituzione di una commissione parlamentare d'inchiesta.

18. Nell'ambito della manifestazione *Con i tuoi occhi* curata da Francesca Guerisoli e incentrata sulla violenza contro le donne.

19. Il caso è quello di Emlou Arvesu, assassinata a pugni nel 2010 in viale Abruzzi a Milano, da un uomo deciso a uccidere la prima donna che avrebbe incontrato per strada, a caso, sembra con il solo obiettivo di sfogare la rabbia per essere stato lasciato dalla propria compagna.

20. Renzo Martens dichiara che il suo lavoro di artista lo rende un attivista "nel senso che è capace di attivare idee"; Renzo Martens in conversation with Artur Żmijewski, *Artists come to create Beauty and Kindness*, in Żmijewski, Warsza (a cura di), *Cit.*, 2012, p. 154.

21. "Il 'sistema' attuale evita di relazionarsi con le molte pratiche artistiche attiviste che stanno uscendo dal mercato dell'arte, ritirandosi e astenendosi intenzionalmente da quello che è diventato un dominio soffocante e inospitale; ignora le alleanze transnazionali tra l'arte e gli altri ambiti, e le proteste degli artisti più critici che fragilizzano l'ambito dall'interno o si chiedono se sia possibile ridefinirlo in nuove aggregazioni cosmopolitiche"; Carolyn Christov-Bakargiev, *Worldly Worlding: the Imaginal Fields of Science/Art and Making Patterns Together*, in "Mousse Magazine" n. 43, Marzo 2014, Milano.

22. Tutte le decisioni, dall'allestimento temporaneo alla scelta della collocazione definitiva, sono state prese in sede al Consiglio Comunale di Milano nel succedersi di due diverse legislature di opposto segno politico ma, in entrambi i casi, senza un confronto con la cittadinanza.

23. Nell'ambito di *Incipit Vita Nova*, a cura di

Alessandra Poggianti, che prevedeva anche l'installazione di due scritte luminose, recanti il testo del titolo e lunghe circa 15 metri, sugli spalti della Fortezza.

24. Francesco Carone, Gregorio Galli, Bernardo Giorgi e Christian Posani.

25. Non nel senso di ispirazione conservatrice e nazionalista che Pierre Nora ha definito in *Les Lieux de mémoire* (Gallimard, Parigi, 1984–1992) ma secondo una funzione opposta, aperta alla trasformazione e alla contaminazione. Tra i progetti di artisti che tornano sui monumenti esistenti si ricorda *Quando un posto diventa un luogo* realizzato da Annalisa Cattani nel 2015 nel distretto imolese, in collaborazione con una rete di istituzioni, tra cui l'ANPI, e con la partecipazione in prima persona di studenti adolescenti. Nel quadro di una rilettura della storia della II guerra mondiale, gli studenti sono stati protagonisti di operazioni di riscoperta e riappropriazione creativa dei monumenti e dei luoghi della memoria, sottratti alla polvere della consuetudine e restituiti alla vitalità delle storie, del sacrificio, delle idee delle persone cui sono dedicati.

26. Tra gli artisti italiani che lavorano sulla critica alle icone, alle mitologie della cultura e della filosofia e alla sacralizzazione dei luoghi e dei nomi, si ricordano ancora Marta Dell'Angelo, Luca Pozzi, Maura Banfo, Serena Fineschi, Marzia Migliora, Nero/Alessandro Neretti, Alessandro Piangiamore, Luigi Presicce, Mirko Smerdel, Gianmaria Tosatti, Patrick Tuttofuoco, Cristian Chironi, Eugenia Vanni. Questi artisti si esprimono secondo alfabeti talvolta molto distanti dalle pratiche partecipative e dall'intervento nello spazio pubblico. Il loro lavoro nasce da analisi profonde e originali del rapporto tra l'immagine e il tempo che in questa viene rappresentato, portando sempre a una revisione dei meccanismi duali tra artista e condizionamento sistemico, e tra opera e spettatore.

27. Dal manifesto del gruppo pubblicato anche sul sito www.osservatorionomade.net/tarkowsky/manifesto/manifest.htm.

28. Pelin Tan, *Per una possibile controcultura: la dimensione locale*, in Gabi Scardi (a cura di), *Paesaggio con figura*, Allemandi, Torino 2011, p. 94.

29. *Ibidem.*

30. *Nuovi committenti* è stato ideato dall'artista François Hers con il nome *Nouveaux Commanditaires, e dal* 2001 a.titolo cura la mediazione culturale in Italia "al fine di considerare la possibilità di una funzione sociale dell'arte disgiunta dall'idea di arte sociale", Francesca Comisso, *La retorica della domanda: nuove forme di committenza artistica nella città*, in Scardi (a cura di), 2011, p. 110.

31. A Torino si ricorda anche la presenza di Progetto Diogene che dal 2007 realizza Bivaccourbano, una residenza internazionale per artisti in un vagone tranviario dismesso, oltre a numerose attività formative nel quartiere Aurora e in altri distretti cittadini.

32. Sul terreno della revisione delle forme di partecipazione sociale, nell'area di Milano bisogna ricordare ancora la storica presenza di Wurmkos, a Sesto San Giovanni, il laboratorio di arti visive fondato da Pasquale Campanella già nel 1987, le attività promosse dal centro Connecting Cultures, fondato e diretto da Anna Detheridge e, più recentemente Radical Intention animato da Maria Pecchioli, Aria Spinelli e Valerio Del Baglivo per esplorare ambiti della visualità contemporanea basati sul rapporto con azione sociopolitica e linguaggi artistici.

33. Sulle interferenze del potere nell'autodeterminazione agiscono il collettivo Fare Ala, con base a Palermo, e NoiSeGrUp, a Brescia, seguendo entrambi una linea spiccata di denuncia, che talora sconfina nell'attivismo; e ancora, tra sperimentazione architettonica e formati artistici, i gruppi DyZeroTre e Studio ++, quest'ultimo autore di un'indagine originale sull'influenza che i sistemi digitali operano sulla percezione del mondo e sull'effettiva indipendenza dei loro fruitori. Il collettivo Artway of Thinking promuove azioni di consapevolezza sociale e cittadinanza attiva in tutta Italia e va evidenziato il lungo lavoro compiuto a Montevarchi, in collaborazione con Love Difference, nel processo di ristrutturazione di una filanda dismessa, rigenerata come centro propulsivo di cultura, condivisione, mutualità sociale. In diversi luoghi della penisola agisce invece Trial Version, collettivo nomade di artisti e curatori (nato nel 2011), attento alla possibilità semantica e rigenerativa delle architetture in abbandono, pubbliche o private. C'è un lungo elenco di progetti indipendenti, laboratori di idee e centri di produzione con una precisa attenzione allo spazio urbano attivi nell'ultimo decennio o chiusi di recente ma importanti nella sperimentazione di formati alternativi dell'arte in seno alla sfera pubblica. L'obiettivo di questo testo non è un censimento e tuttavia sembra importante ricordare tra le altre realtà 1:1 projects, 26cc, Condotto C a Roma, Nosadella.due a Bologna, Lungomare a

Bolzano, C.A.R.S. a Omegna, in Piemonte, Largo Baracche a Napoli, Fosca a Firenze, Viaindustriae in Umbria, Sponge a Pergola, nelle Marche, Cherimus, con base a Perdaxius in Sardegna e attiva in progetti basati sul riconoscimento di cittadinanza e diritti, e altri artist run space come Mars e Progetto Città Ideale a Milano, Sottobosco a Venezia, ZENTRUM che a Varese riunisce e condivide gli spazi indipendenti Surplace, Riss(e) e Yellow, e lo storico Base a Firenze.

34. Sul rapporto con la natura a Torino c'è il PAV, Parco d'Arte Vivente, concepito da Piero Gilardi e diretto da Marco Scotini: un laboratorio di sperimentazione permanente, uno spazio espositivo e un osservatorio sulle transizioni dall'antropico al naturale, tra regimentazione della natura e sua spontaneità, mediato o interferito da interventi artistici. In Friuli, immerso nella natura, il progetto di residenza RAVE tenta la costruzione di una riflessione antispecista, aprendo spazi di confronto tra l'arte e gli animali non umani. In Abruzzo c'è Pollinaria, al confine tra arte e pratiche agricole. In Toscana Madeinfilandia, residenza d'artista gestita da artisti, si propone come un luogo di interrogazione sull'arte, sul rapporto con il paesaggio, sull'incidenza nella storia.

35. Pioselli, *Cit.*, 2015 p. 103.

36. *Ibidem*.

37. *Ivi*, p. 104.

38. Tra gli artisti attivi con visioni che mettono in campo la partecipazione, chiamano in causa la condivisione di conoscenze, l'abilità e la narrazione, si menzionano ancora Gabriella Ciancimino, Paola Anziché, Sabina Grasso, Chiara Pergola, Pantani-Surace, Eva Frapiccini, Sophie Usunier, Concetta Modica, Marina Arienzale, Manuela Mancioppi, Tatiana Villani, Luca Pucci, Marcella Vanzo, Fabrizio Saiu, Leonora Bisagno, Rosaria Iazzetta, Leone Contini, Caretto e Spagna; tutti loro animano un dialogo indispensabile per il mantenimento del rapporto tra l'arte e un pubblico ampio, non strutturato, a volte occasionale.

39. Chus Martínez in Carolyn Christov-Bakargiev, Chus Martínez, Christoph Menke, *When Is Now?* in "Mousse Magazine" n. 34, giugno 2012, Milano.

40. *A cielo aperto* si sviluppa parallelamente alla mission dell'associazione culturale Vincenzo De Luca, nata per ricordare un concittadino morto a quaranta anni, artista e metalmeccanico. Il sostegno economico dei soci e la generosa collaborazione di tutti gli ospiti permette all'associazione di condurre le attività senza finanziamenti pubblici.

41. Pietro Gaglianò, *Visto a Latronico*, in Bianco-Valente, Pasquale Campanella (a cura di), *A cielo aperto*, Postmedia Books, Milano, in corso di pubblicazione.

42. Dopo la presenza, tra gli altri, di Giuseppe Teofilo che ha lavorato sulla mitologia pop dell'avvistamento di una tigre in paese, Eugenio Tibaldi, Virginia Zanetti, Francesco Bertelè, e dopo il lungo progetto *Cénte*, dello stesso Campanella con Wurmkos.

43. Principalmente tra la Puglia e la Basilicata, con residenze, indagini, incroci interdisciplinari, opera Archiviazioni, una piattaforma curatoriale attenta alle pratiche artistiche rispetto alla sfera pubblica nel Sud d'Italia e nel bacino culturale mediterraneo. Al sud si ricorda anche il lavoro di SEM (Spazi Espressivi Monumentali), un progetto permanente completamente autogestito da un gruppo di artisti e professionisti rientrati a Scicli, in provincia di Ragusa, dopo studi nel resto d'Italia.

44. Emilio Fantin, Luigi Negro, Giancarlo Norese, Cesare Pietroiusti e Luigi Presicce.

45. Gli altri artisti invitati a Guilmi sono stati: Marco Mazzoni, Nicola Toffolini, DEM, Emanuela Ascari; senza lo stratificarsi di ognuna delle loro opere, tutte permanenti ma caduche, il lavoro di ogni autore non sarebbe stato lo stesso.

46. Lucia Giardino, guilmiartproject.wordpress. com.

47. Marco Scotini, *Il museo disperso e la cattura della storia. Una conversazione con Charles Esche*, in "No Order", 2010, p. 289.

48. Antonio Gramsci, *Quaderni del carcere*, Einaudi, Torino 1975, vol. III, p. 1550.

Il tuo lavoro cerca di mettere in evidenza le possibilità che le comunità hanno di autorappresentarsi. Per questo risultato è necessario partire dalla revisione del concetto di sfera pubblica (intesa come un nodo di aspetti sociali, fisici, culturali e relazionali). Come si può condurre una comunità su un piano paritario di confronto?

Io penso che ogni comunità sia plurale, essendo costituita da molti fattori tra loro simili, diversi e in aperta contraddizione. Il luogo, l'età, il genere, ogni dato culturale può creare differenze. Dunque, la domanda riguarda piuttosto il modo in cui rapportarsi con le differenze. La vedi come fine a se stessa? Come un incidente? O come la natura stessa delle comunità? La differenza è parte fondante dell'espressione. Non esiste l'unicità, nel senso dell'espressione di una sola persona, ma l'espressione di molti. Alla base dell'espressione c'è una moltitudine. Quindi dobbiamo cercare qualcosa di diverso da una maggioranza o una minoranza, alto o basso. Non basta il livello del talento. Tutto è necessario, non è possibile fare una scelta.

Mantenere un approccio non gerarchico può essere molto difficile nel caso di un artista. Mi sembra che questo sia direttamente connesso con il concetto del visibile, perché rinunciare all'aspetto visibile di un'opera significa mettere in discussione la relazione gerarchica tra autore e comunità.

Se si cerca una voce unica, qualcosa di simbolico o di meramente rappresentativo, è molto probabile ritrovarsi di nuovo nello status quo, dove l'artista è la voce e la comunità è lo spettatore. Se si cerca l'eccellenza allora si sta cercando il potenziale di un'unica persona, l'evento spettacolare che produce consumismo, con le sue file di visitatori e non si sta facendo niente per l'espansione della creatività o per portare l'immaginazione al centro della vita sociale. Non si coltiva il potenziale delle comunità. Quindi, evitando di scegliere tra alto e basso, si fa una scelta molto importante che non riguarda solo la nostra nozione di qualità, talento e vocazione, ma anche i concetti di esclusività e di privilegio. E riguarda anche il concetto stesso di arte, di trasmissione della conoscenza, di educazione. La comunità come autore e la comunità come spettatore o consumatore sono sempre la stessa, tuttavia non ci può essere una scelta più grande tra le due. Parlo di scelta per dare enfasi al nostro compito, al nostro ruolo che è quello di partecipare. Essere parte degli altri è alla base della comunità. Vuol dire comunità. Dopo un secolo di individualismo nessuno è allettato dal collettivismo ma c'è bisogno di un nuovo passo per la nostra libertà e la nostra responsabilità. Mi riferisco a un nuovo terreno, a un campo dell'autorialità condivisa per *"creative commoners"* in cui sta a noi decidere cosa fare. In teoria ognuno contribuisce e nessuno è uno spettatore. Non è un problema nuovo: dall'inizio della modernità gli artisti parlano del bisogno di trascendere l'individuo creativo per andare verso una moltitudine creativa. Per lungo tempo abbiamo ritenuto che la creatività dell'artista, il dono dell'arte come lo conosciamo, non potesse essere tradotto nella creatività della comunità. La mancanza di vivacità è lo stigma della comunità nell'ombra e nei dintorni del museo. Andrò oltre. Le radici e gli obiettivi degli estremismi religiosi e politici, di quello che oggi viene chiamato terrorismo, si trovano all'interno della nostra cultura e della nostra società, anche se il luogo in cui prendono forma è molto lontano da noi. L'origine può essere facilmente individuata nelle roccaforti del consumismo. So che non è facile da ammettere. Si parla molto del cambiamento nella nostra società, ma nessuno è disposto a parlare del prezzo di questo cambiamento. Dobbiamo essere pronti a perdere, a rinunciare, a immaginare. Immaginare, in questo caso, significa procedere a un revisione della natura dell'opera d'arte, dell'artista e anche di quella dello spettatore.

Trovo che la visibilità sia alla base dei meccanismi del possesso - e quindi del consumismo - che si tratti di un'eredità culturale, di uno status, di un bene materiale. Imparare a ridurre può innescare una revisione dell'ossessione per il visibile.

Certo, si può parlare di dipendenza dall'arte, anche se questo termine riporta a tutto ciò che può essere comprato e venduto. Si ha bisogno del denaro per comprare e per vendere. L'arte, per come la conosciamo oggi, non gode di una speciale considerazione nella nostra società. Tutto quello che ti serve è il denaro: se ce l'hai allora sei parte dell'élite degli amanti dell'arte. Anche il più raffinato (e costoso) oggetto ha bisogno di essere prodotto in grandi quantità, visto che la nostra società è, da cima a fondo, sia individualista sia collettivista. La richiesta di unicità ha un prezzo alto. E siamo talmente immersi nel consumismo che consideriamo anche le cose spirituali, i beni immateriali come qualcosa di consumabile. Quindi il problema del visibile è un grosso ostacolo nei nostri comportamenti. È più difficile consumare ciò che è invisibile, e infatti è molto più difficile essere un partecipante che un consumatore, che agisce in relazione con l'oggetto. L'oggetto non ha bisogno di te. L'invisibile invece sì.

L'invisibile richiede responsabilità e partecipazione, e impegno in prima persona. Come la memoria. La Germania ha lavorato sulla propria responsabilità rispetto all'olocausto e al nazismo. Un lavoro sulla memoria impone di decidere quale memoria merita di essere raccontata e quale dimenticata.

Non si può comprendere il ventesimo secolo senza fare i conti con questo momento capitale della modernità: il ruolo della società tedesca trasformata in una società totalitaria europea, e più precisamente il suo ruolo nel genocidio degli ebrei e, dopo la seconda guerra mondiale, il suo rapporto con la memoria. La memoria qui esprime una continuità e, allo stesso tempo, il più radicale capovolgimento. Il passato ritorna come un impegno per il futuro. La società si è comportata come una comunità. La comunità si è espressa, con il pudore, i tabù, il silenzio, una voce molto flebile. Qui la società prende il ruolo dell'autore.

Non è un compito facile. Ma è anche un'apertura inattesa, un'opportunità. Permette un confronto sull'autorialità e sull'importanza dell'autore. Permette di capire che per avere una memoria, per avere voce, c'è il bisogno di essere un autore. Ed è un incredibile ribaltamento della malsana idea di Hitler del genio che conta per tutti. La memoria rivendica l'azione di molti soggetti. E rivendica l'insopportabile eredità dell'unicità. Alla domanda sul perché ricordare dopo tutti questi anni, la risposta di Adorno, riscritta oggi, potrebbe essere: dobbiamo superare la perversione della moderna utopia, il progetto moderno. Come ho provato a spiegare, dobbiamo trascendere l'unicità nella comunità. Lo so, questo è il tema del nazismo e dell'Olocausto. È la perversione di quello stesso processo. È l'unicità che trascende nella comunità come un'oscenità. Se la comunità non afferma se stessa, afferma solo l'unicità. La memoria vuol dire le persone, non gli oggetti. La memoria vuol dire autori, vuol dire qualcuno che non ha paura di dichiarare: "l'ho fatto. Firmo oggi". L'importante qui non è solo l'atto autoriale di affermare un passato difficile, come qualsiasi eredità o tradizione, ma l'esperienza basilare e essenziale di affermare sé stessi. Questo rovesciamento trasforma la morte e anche l'oblio in vita, e il passato in futuro. È un atto egoista per il bene della comunità. Nietzsche la mette così: non ci sono prove che l'oblio esista.

È un processo di emancipazione che corre su due livelli: sociale e artistico. Ciò che ha reso così terribile la memoria nell'idea di monumento – alle sue origini – è il fatto di essere espressione dell'egemonia. Non esiste una sola memoria. Una memoria è sempre qualcosa di plurale. È sempre molte memorie diverse, come la comunità, come la vita di ognuno. In questo senso le memorie sono sempre una memoria di oggi. L'indomani sarà un giorno diverso, con una diversa memoria. La memoria è qualcosa di vivo anche nelle sue forme più minacciose e traumatiche, anche se bloccata in un oceano di negazione, significa movimento. Siamo noi la memoria. Non è il monumento, non è l'arte. Questo spiega la ragione dell'ultima frase che abbiamo scritto sulla targa del *Monumento contro il fascismo* di Amburgo nel 1996: "niente può ergersi al nostro posto contro l'ingiustizia". E nello stesso modo non possiamo pensare di delegare la nostra memoria all'arte, o che l'arte possa essere la nostra giustificazione. Ecco che la memoria diventa un altro significato di comunità. Senza l'una non c'è l'altra.

Lo storico Tony Judt ha scritto che la memoria dell'olocausto è la porta d'ingresso per l'Europa. Ci sono altre memorie e altre porte per l'Europa, ma la memoria della Shoah ha aperto la prima. Le altre, per lo più, rimangono chiuse. La memoria oggi è può solo significare la nostra consapevolezza del colonialismo, del trattamento dei nativi americani, di tutto il sangue che macchia il pianeta "europeo" e che proviene in larga parte dal nostro retroterra altamente letterario. Come ho già detto, la memoria è un'opportunità. Le porte per l'Europa ancora chiuse sono una possibile spiegazione del perché l'Europa sia, ancora oggi come nei secoli passati, una finzione utopica invece di essere una comunità

Il testo del monumento di Amburgo è quasi una di sintesi come dovrebbe essere l'intervento della cultura contemporanea nello spazio pubblico e nel dialogo con

le comunità. Era un posto per chiunque, un autentico spazi pubblico, un luogo di negoziazione e condivisione.

Se stai lavorando in uno spazio pubblico vuol dire che il tuo committente non è uno specialista. Soprattutto, all'inizio degli anni Ottanta del secolo scorso non esistevano gli specialisti del contro-monumento. Era la società il committente. E questo mi riempì di rispetto nei confronti di quella comunità. Era un sentimento nuovo per me, questo rispetto. Dissero: "non vogliamo un lavoro che sia facile, non vogliamo un leone addormentato". Fu una grande sorpresa per me, come artista, scoprire che la società volesse essere una comunità e aprire questo tipo di dialogo, e questo è potuto succedere solo dopo molti anni di lavoro sulla memoria. Questo lavoro è stato possibile perché c'è stato un momento in cui la gente è stata davvero coraggiosa.

Qualcosa di simile è successo anche per un altro monumento silenzioso la Piazza della Promessa Europea *a* Bochum *dove tutti i cittadini, da tutto il mondo, sono stati chiamati a esprimere intimamente la loro promessa per l'Europa, per l'umanità. La loro partecipazione si è formalizzata nella disponibilità ad autorizzare l'uso del proprio nome per la pavimentazione della intera piazza: una testimonianza muta, di contro narrazione, di impegno individuale.*

La ragione di questo lavoro è il sorprendente mosaico con la lista di venticinque nazioni che erano state nemiche della Germania nella prima guerra mondiale (la lista corona un memoriale per i caduti realizzato nel 1931 nella Christuskirche). Io non riesco a immaginare come si potesse voler realizzare un mosaico del genere, con i nomi di tutti i paesi vicini e dei paesi più potenti della terra cristallizzati, come per mantenerli per sempre nemici. Ho ancora difficoltà a capire come possa essere successo. In ogni caso oggi appare assurdo, è qualcosa di chiuso, che non vuole la lasciare che il passato diventi parte del passato. Perciò quello di Bochum è un lavoro sulla memoria, ma è anche un lavoro su di noi, oggi. E io con i miei strumenti da artista mi sono sentito completamente inadeguato. Nel 2004, quando abbiamo cominciato, la gente mi chiedeva "perché lo fai?". Oggi non me lo chiedono più, forse l'Europa è prigioniera delle sue porte della memoria chiuse? Ci sono voluti undici anni per realizzare la *Piazza della Promessa Europea*, ma ancora non lo sappiamo. Se sosti nella piazza, tra i nomi dei 14726 partecipanti da tutta Europa, sei solo. Non sai cosa hanno promesso. Io penso che ci sia qualcosa di unico nel momento presente. È l'unico tempo che non puoi prevedere. E l'unica soluzione a questo dilemma è la tua autorialità, la tua promessa. Non ha rilievo se la piazza sia stata inaugurata poche settimane fa o molti anni prima. Devi partecipare oggi, e non saprai mai la promessa degli altri. O dovrei dire "altrimenti non saprai mai"?

Assistiamo a un continuo spossessamento dello spazio pubblico come luogo della crescita collettiva e dalla consapevolezza sociale. In queste condizioni, quando gli artisti intervengono negli spazi cosiddetti non convenzionali, prende corpo un'azione di disturbo, una narrazione alternativa, in opposizione all'autorità. In questa prospettiva qual è la relazione di un artista con l'autorità che governa lo spazio?

Essere presenti è cruciale. La 'presenza' è qualcosa davvero capace di creare uguaglianza. Questo è quello che ho imparato nelle mie ormai sessantasei esperienze di lavoro nello spazio pubblico. Essere presente, certo, non come "l'artista" ma semplicemente presente, come un essere umano, in modo egualitario, come l'unico responsabile, avendo cura di ogni cosa. La mia presenza non è indipendente dalle condizioni già in essere (sociali, culturali, economiche) né dall'universo in cui vivo e opero. Non c'è scampo e l'artista non è un creatore o una piccola divinità indipendente dagli altri, e la sua presenza non è autosufficiente. Ecco perché è fondamentale comprendere la reciproca interdipendenza. Ecco perché l'artista deve scontrarsi, come chiunque altro, con l'autorità. Ecco perché l'artista ha bisogno di stare in contatto con il nocciolo duro della realtà. Io sento il bisogno di starci e condurre come chiunque altro la lotta per le mie idee, per la mia posizione, per la mia comprensione dell'arte. La presenza è la forma necessaria che si scontra corpo a corpo con la realtà, è una necessità assoluta. Trovo che sia l'unico modo per entrare in contatto con l'altro, e capire che la sua presenza importante è quanto la mia. In molti casi e in molte circostanze non c'è niente di speciale nell'essere presente – quindi essere "semplicemente presente" diventa un atto di contrasto che distingue la presenza dalla non presenza. Nello spazio pubblico nessuno ha bisogno della tua presenza, e solo tu puoi definirne la necessità. È quello che ho imparato: la mia presenza o non presenza – come quella di chiunque altro – non è mai un'eccezione e nemmeno un modo per includere o escludere.

Parliamo della Monuments-series. *Perché hai scelto questo titolo? Cosa vuol dire affrontare la tradizione dei monumenti con contenuti, forme e materiali così poco convenzionali?*

La mia *Monuments-series* vuole essere un contributo alla complessa e problematica storia dei monumenti. Ho l'ambizione di creare una nuova forma di monumento. E ho scelto questo titolo perché per me il monumento è una forma, un nuovo monumento: per via della dedica, della collocazione, della durata e dell'esito. Qualsiasi cosa connessa alla *Monument-series* è prima di tutto 'forma'. Un monumento è un tributo alla forma e questa è la mia risposta alla domanda: "Cos'è la forma". 'Dare forma' richiede di schierarsi, lottare per la propria idea, battersi, significa comprendere la forma come resistenza e concepire la sua universalità. La decisione di dedicare un monumento a un filosofo è 'forma'. Un monumento, nella sua precarietà, è forma; e la decisione di conferirgli un tempo limitato è forma. La decisione sulla durata del monumento è forma. È necessario comprendere la forma come qualcosa di non divisibile, non negoziabile e anche non discutibile. La forma esiste solo come intera, indivisibile e completa, come un atomo, e questo nocciolo duro è la forma. Forma ed estetica sono interdipendenti ma non vanno confuse. La forma crea etica, precisione e chiarezza nell'incommensurabile, complesso e caotico mondo in cui viviamo. L'estetica è la risposta alle domande "come si presenta la forma", "com'è fatta", "quali materiali vengono impiegati". La forma non cerca mai una funzione, non è riduttiva, non è mai esclusiva e non può mai essere qualificata secondo categorie come "la buona forma". 'Dare forma' è una dichiarazione e una posizione da difendere. È un atto di emancipazione, una risoluzione e una decisione da prendere. Nessuno mi ha chiesto di fare il *Gramsci-Monument* né di farlo nel Bronx. La decisione di collocarlo lì è forma e io ne sono responsabile. Nessuno ne aveva bisogno o desiderava o stava aspettando il *Gramsci-Monument*. Questo lavoro è una affermazione assoluta, e quindi non può essere ridotto a una presunta funzione: lo sto facendo perché autorizzo me stesso a farlo. Elaborare la forma è una questione di produzione, e di essere orgogliosi di questa produzione. La forma non è mai un fatto, e non esprime esclusivamente il fattuale. La forma non è un'opinione e non ricorre all'opinione. Non è mai un commento e non ha bisogno di essere commentata.

Una caratteristica della Monuments-series *e in generale una cifra del tuo lavoro, è la transitorietà che suona come opposta al significato del termine monumento.*

Tutti i monumenti sono precari, tutti, malgrado il loro aspetto o la loro proposizione estetica di eternità. 'Precario' e 'precarietà' definiscono lo stesso significato: la precarietà è nel processo, nel visibile, nella forma. Ma non c'è niente di precario nell'idea, nell'esperienza, nel confronto, nella crescita. Ecco la differenza tra precario ed effimero. Effimero è tutto ciò che ha a che fare con la natura, la precarietà riguarda l'umano. Ma non è qualcosa di negativo: è come la fotografia di un movimento infinito, non la sua fine né il suo inizio, è un istante, è il momento. È per raggiungere questo momento che devo essere presente e vigile, devo tenere gli occhi aperti, sempre. Ecco perché, in quanto artista, devo ricostruire il mio lavoro in mente ogni giorno, ogni ora e ogni momento. L'infinita riedificazione e la costante ricostruzione conferiscono al mio lavoro il potere di toccare l'eternità. Non c'è niente di più noioso di qualcosa di definitivo, qualcosa che sia certo e sicuro, semplicemente perché non corrisponde alla verità. La verità, in arte, può essere raggiunta solo con il rischio, con incontri nascosti e contraddittori. Io voglio riabilitare il significato della parola 'precario'. La precarietà può essere uno strumento per affrontare le questioni contemporanee di tipo economico, sociale, religioso, politico, culturale. La logica del precario, secondo me, è la logica del prezioso: una preziosità che permette incontri ed eventi. Creare un lavoro artistico che dichiara di essere precario comporta il sottoporsi a una sfida incredibile, senza poterne prevedere o misurare le difficoltà. Il mio amore per il precario deriva dalla mia comprensione di quanto ogni attività umana sia precaria, dalla mia fiducia nel fare le cose, invece di valutare la loro incommensurabile e inevitabile precarietà. Questo amore proviene dalla forza e dal coraggio che sono necessari per creare, a dispetto della precarietà di tutte le cose e della vita stessa. La logica del precario è necessità e urgenza; l'opposto dell'effimero, che ha invece la logica della morte. C'è una straordinaria e bellissima spiegazione del 'Précaire' nel libro di Giorgio Agamben *Il fuoco e il racconto*.

Un aspetto critico dell'intervento artistico nello spazio pubblico riguarda la scelta del linguaggio da utilizzare: cosa succede quando un'opera prende forma in un contesto in cui il pubblico non è preparato? Sappiamo qualcosa sul tipo di risultato che può produrre una forma tangibile, ma cosa sappiamo delle conseguenze della sua parte immateriale? Come può un'opera alterare, o essere alterata attraverso un fraintendimento del suo linguaggio? Chi sono i destinatari del Gramsci Monument?

Non ho mai temuto i fraintendimenti o le interpretazioni, perché voglio imparare, e con il *Gramsci Monument* ho imparato qualcosa di nuovo: la parola 'comunità' è come una vacca sacra e per prenderla seriamente, per evitare le trappole del suo abuso politico e della superficialità semantica, devo toccarla davvero, devi entrarci in contatto stretto e penetrare i suoi dissidi interni. Quando un'opera viene realizzata a contatto con una comunità di residenti, la sua comprensione diventa un fatto comunitario. Ognuno la interpreta in modo diverso. Ho imparato che non c'è un modo comune, o condiviso, di capire l'arte, e che quello che condividiamo è più importante delle differenze. Perché la differenza, ogni tipo di differenza, può essere usata per condividere tutti assieme una dinamica: quella del coinvolgimento e dell'interrogativo come un risultato dell'opera d'arte. E ogni comprensione diversa, particolare e parziale, che si aggiunge in una combinazione reciproca crea la comprensione comunitaria. Ho imparato che lavorare all'interno di una comunità di residenti ha più a che fare con il tentativo di provare ad associare tutte le differenze per trarne una comunità che non con la ricerca del 'comune'. È quello che stanno provando a fare alcuni residenti a Forest Houses (il quartiere in cui è stato realizzato il progetto): un'idea di comunità come una costruzione di individui mai compiuta, piuttosto che una specifica omogeneità dentro un gruppo. Qui le cose sono fatte da una comunità che si oppone a rappresentazioni culturali, sociali ed economiche - e il *Gramsci Monument* ne è solo un esempio. La comunità incompiuta è un sogno (e per questo parlo del *Gramsci Monument* come di un paradiso) in cui i membri, senza capirsi o conoscersi tra loro, assieme e individualmente, dividono lo spazio delle loro vite, la loro gioia, I loro fallimenti, e così creano ed esplorano nuove forme di vita, di pensiero, di realtà.

Il *Gramsci Monument* è in 'Unshared Authorship', autorialità non condivisa. Dove 'non condiviso' è inteso come l'opposto di ingiusto. L'autorialità non condivisa è un atto di emancipazione e di autocomprensione che non richiede risposte. Significa che io, l'artista, sono l'autore del lavoro, interamente, completamente, in ogni sua parte. Come autore, in queste condizioni, non condivido la responsabilità del mio lavoro né della mia comprensione privata del lavoro stesso. Ecco perché uso la locuzione 'non condiviso'. Ma al tempo stesso non sono l'unico autore, perché chiunque assuma volontariamente la responsabilità del lavoro, diventa autore a sua volta. L'altro può essere autore, interamente e completamente, nella sua comprensione del lavoro e in qualsiasi altro aspetto che lo riguardi. L'autorialità non condivisa è una dichiarazione assertiva, è una specie di attacco, suona come una opposizione dura al termine morbido 'collaborazione'. 'Unshared' indica pulizia, decisione, non esclusività, aperture alla coesistenza: significa dire sì alla complessità, e implica moltiplicazione e non divisione. L'autorialità non condivisa permette di assumersi la responsabilità per cose di cui non si è direttamente responsabili. Inoltre mi permette di essere un autore anche quando non lo sono in senso stretto, questo è nuovo ed è fondamentale.

L'intuizione di Antonio Gramsci (riassunta nel concetto che ogni uomo è un intellettuale) suona oggi come un augurio, disperato e indispensabile. Solo con un risveglio dell'intelletto individuale nelle relazioni con le comunità possiamo immaginare il risveglio di un'intelligenza sociale, positiva e attiva. Come bilanciare il bisogno di coinvolgere un ampio numero di persone con il dovere di evitare il populismo?

Prendo seriamente l'intuizione di Gramsci perché le sue parole toccano la verità, e non suonano come un augurio e nemmeno un obiettivo. Ho imparato nei miei progetti nello spazio pubblico quanto importante, direi cruciale, sia la fase di preparazione e di ricerca sul campo. La parte più diffiicle è l'incontro con i residenti, da solo, per trovare una possibile location. Ho imparato anche perché, contrariamente a quanto di solito viene indicato come una buona pratica, la solitudine nel lavoro sul campo sia coerente e comprensibile per tutti. Fare lavoro sul campo da soli è una forma che, in quanto forma, contribuisce già alla creazione di un ponte, perché è basata su quello che l'arte può fare l'arte: stabilire un dialogo o un confronto alla pari. Per farlo ci deve essere qualcosa di fissato, essenziale, assoluto: il lavoro sul campo mi ha insegnato quanto sia importante, per stabilire un contatto, considerarsi alla pari (oppure, citando Gramsci, considerare "ogni essere umano un intellettuale"). Argomentazioni demagogiche, atteggiamenti opportunisti o paternalisti non possono avere successo quando incontri una persona che deve vedersela con una dura realtà ogni giorno. Nel corso dell'anno e mezzo della mia ricerca con la New York City Housing Authority, e con il *Gramsci-Monument*, sono rimasto colpito dalla dignità dei residenti. Ho imparato che la dignità comprende semplicità, generosità, lucidità, solidarietà e apertura verso gli altri. Ho capito la volontà di aprirsi, e il bisogno di spostarsi dall'identità alla differenza. Questo mostra anche una resistenza senza compromessi verso l'ingiustizia e la corruzione estetica, un'assenza di invidia, di narcisismo, di idealismo e di ideologia. Dignità significa anche vedere il mondo così com'è, ma anche vedere che il mondo così com'è non è inevitabile.

Un elemento critico dei monumenti risiede nel concetto di una memoria imposta, radicata nel passato. Nei tuoi monumenti la memoria invece sembra qualcosa da

La filosofia non si rivolge al passato e nemmeno l'arte. Tutte le vere questioni filosofiche riguardano l'oggi, non come fatti di cronaca, ma come domande e interrogativi sull'esistenza umana, sulla sua abilità a pensare, a riflettere e prendere decisioni. Nessuna vera questione filosofica è mai obsoleta, non ci sono filosofi del passato o del futuro. Ho realizzato i monumenti ai filosofi perché hanno qualcosa da dire oggi. Possono infondere coraggio nel pensiero e piacere nella riflessione. Mi interessa il pensiero politico, logico e non moralista. Mi interessano le questioni etiche. Ho fatto lo *Spinoza-Monument* nel quartiere a luci rosse di Amsterdam nel 1999, il *Deleuze-Monument* a Cité Champfleury, ad Avignone nel 2000, il *Bataille-Monument"* al Friedrich-Wölher Siedlung a Kassel, durante Documenta 11, nel 2002. E il *Gramsci-Monument* a Forest Houses nel Bronx nel 2013. Questi monumenti sono concepiti come un impegno: nei miei confronti e verso la comunità. La loro missione è di dare forza per pensare e per agire. Leggere i loro libri continua ad avere senso, a creare domande, a mantenere vitale la bellezza e a stare in contatto con le idee. Per me è questo l'importante: che attraverso un intervento artistico i residenti possano stabilire un contatto con la filosofia.

L'arte, proprio perché è arte, è resistenza: si oppone ai fatti, alle abitudini politiche, estetiche e culturali. L'arte, nella sua resistenza, è movimento positivo, intensità. Io penso sia così, lo credo, lo so e devo concedermi l'uguaglianza, devo impormi di dichiarare di "essere uguale". Significa stabilire una relazione con l'altro per la mia fiducia nell'uguaglianza. Non dovrebbe essere l'uguaglianza la cosa più evidente? Ho fiducia nell'universalità e nel potere universale dell'arte di trasformare ogni essere umano. Con 'universalità' intendo dire uguaglianza, "non esclusività del pubblico", verità, unione, giustizia. Con 'fiducia' intendo dire resistenza, intensità, movimento, creazione. Voglio confrontare la mia fiducia con la realtà attraverso il mio lavoro e voglio essere impegnato con l'arte per una eguaglianza assoluta. Fiducia e uguaglianza sono costitutive per l'arte. La fiducia di esserne convinti di ciò, come una decisione, come una speranza, come un'arma, come una dichiarazione. Non riesco a capire gli scettici, i delusi, i rassegnati, i cinici. Niente può essere fatto senza la fiducia nell'uguaglianza. È una forza, è attiva e si oppone all'oggettività e alla neutralità. Non esistono opere basate sull'ineguaglianza o sull'esclusività, perché l'arte deve sempre provocare un dialogo o un confronto alla pari, all'altezza degli occhi.

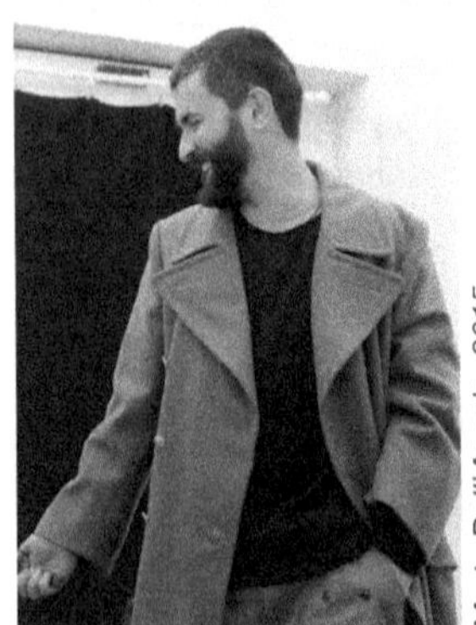

Pietro Gaglianò (1975) dopo la laurea in architettura ha approfondito il rapporto tra l'estetica del potere e le libertà individuali, prediligendo il contesto urbano e sociale come scena dei linguaggi contemporanei (con particolare attenzione ai sistemi teorici della performance art). Cura progetti in Italia e all'estero e sperimenta formati ibridi, in cui esperienze pedagogiche si innestano sul modello tradizionale della mostra.

Pietro Gaglianò has proceeded from his degree in architecture to study the relationship between the aesthetics of power and individual freedoms, regarding the urban and social contexts as the location of contemporary languages (with a particular focus on the theoretical systems of performance art). He curates projects in Italy and abroad and experiments with hybrid structures which weave pedagogical experiences into traditional exhibition formats.

a.titolo (a cura di), *Nuovi Committenti. Arte contemporanea, società e spazio pubblico*, Silvana Editoriale, Cinisello 2008

Nicholas Adams, Laurie Nussdorfer, *La città in Italia tra il 1400 e il 1600*, in Henry A. Millon, Vittorio Magnago Lampugnani (a cura di), *Rinascimento da Brunelleschi a Michelangelo. La rappresentazione dell'architettura*, Bompiani, Milano 1994 [trad. in. *The Renaissance from Brunelleschi to Michelangelo: the Representation of Architecture*, RCS, 1994]

Giorgio Agamben, *Quel che resta di Auschwitz*, Bollati Boringhieri, Torino 1998 [trad. in. *Remnants of Auschwitz: The Witness and the Archive*, Zone Books, New York 1999]

Marco Aime, *Eccessi di culture*, Einaudi, Torino 2004

Günther Anders, *Die Antiquiertheit des Menschen*, 1956 [trad. it. *L' uomo è antiquato. Considerazioni sull'anima nell'epoca della seconda rivoluzione industriale. I*, Bollati Boringhieri, Torino 2003]

Hannah Arendt, *German Guilt*, in "Jewish Frontier" 12, 1945 [trad. it. *Colpa organizzata e responsabilità universale*, in *Antologia*, Feltrinelli, Milano 2006]

Hannah Arendt, *The Origins of Totalitarianism*, 1951 [trad. it. *Le origini del totalitarismo*, Einaudi, Torino 2004]

Marc Augé, *Le temps en ruines*, Éditions Galilée, Paris 2003 [trad. it. *Rovine e macerie*, Bollati Boringhieri, Torino 2004]

Carolyn Christov-Bakargiev, Chus Martínez et al., *dOCUMENTA(1). The book of the books*, Catalog 1/3, Hatje Cantz Verlag, Ostfildern 2012

Carolyn Christov-Bakargiev, Chus Martínez, Christoph Menke, *When Is Now?* in "Mousse Magazine" n. 34, giugno 2012, Milano

Carolyn Christov-Bakargiev, *Worldly Worlding: the Imaginal Fields of Science/Art and Making Patterns Together*, in "Mousse Magazine" n. 43, Marzo 2014, Milano.

Jean Baudrillard, *L'échange symbolique et la mort*, Éditions Gallimard, Parigi 1976 [trad. it. *Lo scambio simbolico e la morte*, Feltrinelli Editore, Milano 1990; trad. in. *Symbolic Exchange and Death*, Sage Publishing, Londra, 1993]

Stephanie Barron (a cura di), *"Degenerate Art".
The Fate of Avant-Garde in Nazi Germany*, Los
Angeles County Museum of Art, Los Angeles 1991

Walter Benjamin, *Kunstwerk im Zeitalter seiner
technischen Reproduzierbarkeit*, 1936 [trad. it.
*L'opera d'arte nell'epoca della sua riproducibilità
tecnica*, Einaudi, Torino 1966-2000; trad. in.
*The Work of Art in the Age of its Technological
Reproducibility (Second Version)*, The Belknap
Press of Harvard University Press, Cambridge
(Ma) - London 2002]

Walter Benjamin, *Über den Begriff der
Geschichte*, 1940, pubblicato in *Schriften*,
Suhrkamp Verlag, Frankfurt 1955 [trad. it. *Tesi di
filosofia della storia*, in *Angelus Novus*, Einaudi,
Torino 1962-1995, p. 849; trad. in. (a cura di
Hannah Arendt), *On the Concept of History*, in
Illuminations, Schocken Books, New York 1968-
2007]

Claire Bishop (a cura di), *Participation:
Documents of Contemporary Art*, Whitechapel,
London - MIT Press, Cambridge (Ma) 2006

Claire Bishop, *Artificial Hells. Participatory Art
and the Politics of Spectatorship*, Verso, Londra
- New York 2012. [trad. it. *Inferni artificiali*, Luca
Sossella Editore, Bologna 2015]

Iain A. Boal, T. J. Clark, Joseph Matthews, Michael
Watts, *Afflicted Powers: Capital and Spectacle in
a New Age of War*, Verso, Londra - New York 2005

Laura Boella, *Il coraggio dell'etica. Per una nuova
immaginazione morale*, Raffaello Cortina Editore,
Milano 2012

Christian Boltanski, Catherine Grenier, *La vie
possible de Christian Boltanski*, Fiction & Cie -
Seuil, Parigi 2010

Pierre Bourdieu, *Ce que parler veut dire.
L'économie des échanges linguistiques*, Fayard,
Parigi, 1982. [trad. it. *La parola e il potere:
l'economia degli scambi linguistici*, Guida Editori,
Napoli 1988]

Pierre Bourdieu, *Raisons pratiques. Sur la théorie
de l'action*, Seuil, Parigi, 1994

Nicolas Bourriaud, *Esthétique relationelle*, Les
presses du réel, Dijon 1998. [trad. it. *Estetica
relazionale*, Postmedia Books, Milano 2010]

Katalin Mollek Burmeister, *Maurizio Nannucci.
Something Happened*, Gli Ori, Pistoia 2009

Iosif Aleksandrovic Brodskij, *Less Than One: Selected
Essays*, Farrar, Straus and Giroux, New York 1986
[trad. it. *Fuga da Bisanzio*, Adelphi, Milano 1987]

Francesca Cagianelli, Dario Matteoni, *Livorno, la
costruzione di un'immagine. Tradizione e modernità nel Novecento*, Silvana Editoriale, Cinisello
2003

Christian Caliandro, *Italia Revolution. Rinascere
con la cultura*, Bompiani, Milano 2013

Mark Callaghan, *Invisible Past, Invisible Future: A
German's alternative response to the Holocaust*,
in "Art Times", novembre-dicembre 2010

Elias Canetti, *Masse und Macht*, Claassen Verlag,
Hamburg 1960 [trad. it. *Massa e Potere*, Adelphi,
Milano 1981; trad. in. *Crowds and Power*, Farrar,
Straus and Giroux, New York 1984]

Fabio Cavallucci (a cura di), *Postmonument. XIV
Biennale Internazionale di Scultura di Carrara*,
Silvana Editoriale, Cinisello Balsamo, 2010

Caterina Ceccarelli, Alessandro Santarelli, *Monumento a Ciano. Livorno 1939*, Editrice Il Quadrifoglio, Livorno 2008

Patrick Chamoiseau, *Texaco*, Gallimard, Parigi
1992 [trad. in. *Texaco*, Knopf Doubleday, New
York 1997]

Giusy Checola, Pietro Gaglianò (a cura di),
"A-Journal", n. 0, 2012, Archiviazioni

Pierre Clastres, *La question du pouvoir dans
les sociétés primitives*, 1976 - Editions du Seuil,
Parigi 1980

Gilles Clément, *Manifest du Tiers paysage*,
Èditions Sujet/Objet, 2004 [trad. it. *Manifesto del
Terzo paesaggio*, Quodlibet, Macerata 2005]

Francesca Comisso, *La retorica della domanda:
nuove forme di committenza artistica nella città*,
in Gabi Scardi (a cura di), 2011

Alessandro Coppola, *Apocalypse town. Cronache
dalla fine della civiltà urbana*, Laterza, Roma-Bari
2012

Guy Debord, *La Sociéteé du Spectacle*, 1967 - Éditions Gallimard, Paris, 1992. [trad. it. *La Società dello spettacolo*, 1969 – Baldini&Castoldi, Milano 1997]

Gilles Deleuze, Félix Guattari, *L'Anti-Œdipe*, Editions Minuit, Parigi 1972. [trad. it. *L'Anti-Edipo. Capitalismo e schizofrenia*, Einaudi, Torino 2002]

Gilles Deleuze, *Foucault*, Editions de Minuit, Parigi 1986. [trad. it. *Foucault*, Cronopio, Napoli 2002]

Anna Detheridge (a cura di), *Arte pubblica in Italia. Lo spazio delle relazioni*, catalogo della mostra, Cittàdellarte - Fondazione Pistoletto, Biella 2003

Anna Detheridge, *Scultori della speranza. L'arte nel contesto della globalizzazione*, Einaudi, Torino, 2012

Georges Didi-Huberman, *L'image survivante. Histoire de l'art et temps des fantômes selon Aby Warburg*, Editions de Minuit, Parigi 2002 [trad. it. *L'immagine insepolta. Aby Warburg, la memoria dei fantasmi e la storia dell'arte*, Bollati Boringhieri, Torino 2006]

Sabine Eckmann (edited by), *In the Aftermath of Trauma. Contemporary video installation*, Mildred Lane Kemper Art Museum, Washington University, Saint Louis 2014

Galit Eilat, Artur Żmijewski, *A good Drug Dealer*, in Joanna Warsza, Artur Żmijewski (a cura di), 2012

Okwui Enwezor, *Lo stato delle cose*, in *All the World's Futures*, 56. Esposizione Internazionale d'Arte, la Biennale di Venezia, Marsilio Editori, Venezia 2015 [trad. in. *The State of Things*, in *All the World's Futures*, catalogue of 56. International Art Exhibition, la Biennale di Venezia, Marsilio Editori, Venice 2015]

Franco Farinelli, *La crisi della ragione cartografica*, Einaudi, Torino 2009

Giuseppe Faso, *Lessico del razzismo democratico. Le parole che escludono*, Derive&Approdi, Roma 2008

Luigi Fassi (a cura di), *Future Bodies and Gendered Prophecy*, in "Mousse Magazine" n. 18, Aprile 2009, Milano

Lara Favaretto, *Momentary Monument*, Archive Books, Berlino 2010

Patrizia Ferri, *Le pratiche artistiche partecipate: istruzioni per l'uso*, Gangemi, Roma 2013

Daria Filardo, *Noi probabilmente non ce ne accorgiamo, ma abbiamo la testa piena di relazioni*, in Daria Filardo, Aldo Iori (a cura di), *Arte torna Arte*, catalogo della mostra, Giunti, Firenze, 2012

Hal Foster, Rosalind Krauss, Yves-Alain Bois, Benjamin H.D. Buchloch, *Art since 1900. Modernism, Antimodernism, Postmodernism*, Thames & Hudson, Londra 2004 [trad. it. *Arte dal 1900. Modernismo, Antimodernismo, Postmodernismo*, Zanichelli, Bologna 2006]

Michel Foucault, *Surveiller et punir. Naissance de la prison*, Gallimard, Parigi 1975 [trad. it. *Sorvegliare e punire. Nascita della prigione* , Einaudi, Torino 1976-2014 ; trad. in. *Discipline & Punish: The Birth of the Prison*, Penguin, London 1991]

Michel Foucault, *Sécurité, Territoire, Population. Cours au Collège de France. 1977-1978*, Gallimard/ Seuil, Parigi 2004 [trad. it. *Sicurezza, territorio, popolazione. Corso al College de France (1977-1978)*, Feltrinelli, Milano 2005 ; trad. in. *Security, Territory, Population: Lectures at the Collège de France 1977-1978*, Picador, New York 2004]

Michel Foucault, *Naissance de la biopolitique. Cours au Collège de France. 1978-1979*, Gallimard/Seuil, Parigi 2004 [trad. it. *Nascita della biopolitica. Corso al College de France (1978-1979)*, Feltrinelli, Milano 2005; trad. in. *The Birth of Biopolitics: Lectures at the Collège de France, 1978-1979*, Picador, New York 2004]

Chiara Frugoni, *L'affare migliore di Enrico. Giotto e la cappella degli Scrovegni*, Einaudi, Torino 2008

Robert Hamelijnck, Nienke Terpsma, *Italian Conversations: Art in the age of Berlusconi*, Post Editions, Rotterdam - NERO publishing, Roma - Fucking Good Art, 2012

Andrea Fumagalli, *Bioeconomia e capitalismo cognitivo, Verso un nuovo paradigma di accumulazione*, Carocci Editore, Roma, 2007

Pietro Gaglianò, *La versione di Bruto. Le parole e il potere*, in Teresa Megale (a cura di), *Contesti teatrali universitari*, Firenze University Press, Firenze 2014a

Pietro Gaglianò, *The Invention of Memory*, in Agence Borderline (a cura di), *Keep your Feelings in Memory*, catalogo della mostra, Musée national de la Résistance, Esch-sur-Alzette, Luxembourg, Agence Borderline 2014b

Pietro Gaglianò, *La speranza del paradosso*, in Andrea Lacarpia (a cura di), *Praxis*, Dimora Artica, Milano 2015

Pietro Gaglianò, *Quello che le rovine permettono (non nel tempo ma nello spazio)*, in Eva Sauer (a cura di), *A Meditation on Violence*, in corso di pubblicazione

Pietro Gaglianò, *Visto a Latronico*, in Bianco-Valente, Pasquale Campanella (a cura di), *A cielo aperto*, Postmedia Books, Milano, in corso di pubblicazione

Elisabetta Galasso, Marco Scotini (a cura di), *Politiche della memoria. Documentario e archivio*, DeriveApprodi, Roma 2014

Marco Enrico Giacomelli, *Di tutto un pop. Un percorso fra arte e scrittura nell'opera di Mike Kelley*, Johan & Levi Editore, Milano 2014

Igor Golomstock, *Totalitarian Art in the Soviet Union, the Third Reich, Fascist Italy and the People's Republic of China*, HarperCollins Publishers, New York 1990 [trad. it. *Arte totalitaria nell'URSS di Stalin, nella Germania di Hitler, nell'Italia di Mussolini e nella Cina di Mao*, Leonardo Editore, Milano 1990]

David Graeber, *There never was a West. Democracy emerges from the spaces in between*, AK Press, Oakland (CA) 2007

David Graeber, *On the phenomenology of Giant Puppets*, 2012 [trad. it. *Fenomenologia dei mega-pupazzi*, in David Graeber, *Oltre il potere e la burocrazia*, eléuthera, Milano 2013, p. 99]

David Graeber, *The Democracy Project: A History, a Crisis, a Movement*, Spiegel & Grau, New York, 2013 [trad. it. *Progetto Democrazia. Un'idea, una crisi, un movimento*, il Saggiatore, Milano 2014]

Antonio Gramsci, *Quaderni del carcere*, Einaudi, Torino 1975 [trad. in. *Prison Notebooks*, Columbia University Press, 2010]

Giordano Bruno Guerri, *Galeazzo Ciano. Una vita (1903-1944)*, Bompiani, Milano 1979-2011

Giordano Bruno Guerri, *Io parlo bene del Duce*, in "Panorama Mese" 5, gennaio 1983

Giordano Bruno Guerri, *Fascisti. Gli italiani di Mussolini. Il regime degli italiani*, Mondadori, Milano 1995

Cecilia Guida, *Spatial practices. Funzione pubblica e politica dell'arte nella società delle reti*, Franco Angeli, Milano 2012
Lynn Gumpert, *Christian Boltanski*, Flammarion, Parigi 1992.

Michael Hardt, Toni Negri, *Empire*, Harvard University Press, Cambridge (Ma) - Londra, 2000 [trad. it. *Impero. Il nuovo ordine della globalizzazione*, Bur, Milano 2003]

Michael Hardt, Antonio Negri, *Commonwealth*, Harvard University Press, Cambridge (Ma) - Londra 2009

Jonathan Harris (a cura di), *Globalization and Contemporary Art*, Wiley-Blackwell, Chichester, West Sussex, 2011

David Harvey, *Rebel Cities. From the Right to the City to the Urban Revolution*, Verso, Londra - New York 2012 [trad. it. *Città ribelli. I movimenti urbani dalla Comune di Parigi a Occupy Wall Street*, il Saggiatore, Milano 2013]

Thomas Hirschhorn et al., *Thomas Hirschhorn: Gramsci Monument*, Dia Art Foundation, New York - Koenig Books London 2015.

Marta Jecu (a cura di), *Open Monument. Research into ephemeral, commemorative architecture and modernist patrimony*, Revolver Publishing, Berlino 2013

Amelia Jones (a cura di), *The Feminism and Visual Art Culture Reader*, Routledge, Londra - New York 2003-2010

Viktor Klemperer, *LTI - Lingua Tertii Imperii: Notizbuch eines Philologen*, 1946 [trad. it. *La lingua del Terzo Reich. Taccuino di un filologo*, Giuntina, Firenze 1998; trad. in. *Language of the Third Reich: LTI: Lingua Tertii Imperii. A Philologist's Notebook*, Continuum, London - New York 2006]

Markus Miessen, *The Nightmare of Participation (Crossbench Praxis as a Mode of Criticality)*, Sternberg Press, Berlino 2011

Pëtr Kropotkin, *La morale anarchiste*, 1889 [ed. cons. Éditions Mille et Une Nuits - Fayard, Parigi 2004]

Étienne de La Boétie, *Discours de la servitude volontaire*, 1549- 1574 [ed. cons. Flammarion, Parigi 1993]

Suzanne Lacy (a cura di), *Mapping the Terrain. The New Genre Public Art*, Bay Press, Seattle 1995
Suzanne Lacy, *Leaving Art. Writing on Performance, Politics and Public,1974-2007*, Duke University Press, Durham and London 2010

Anna Vittoria Laghi, *Il Primato della Scultura. Il Novecento a Carrara e dintorni*, Maschietto e Musolino, Firenze-Siena 2000

Anna Vittoria Laghi, *Arturo Dazzi. Dipinti e sculture dalla Donazione Dazzi di Forte dei Marmi*, Maschietto Editore, Firenze 2002

Henri Lefebvre, *La Production de l'espace*, Anthropos, Parigi 1974. [trad. it. *La produzione dello spazio*, Moizzi, Milano 1976]

Henri Lefebvre, *Critique de la vie quotidienne, III. De la modernité au modernisme (Pour une métaphilosophie du quotidien)*, L'Arche, Paris, 1981. [trad. it. *Critica della vita quotidiana*, Dedalo, Bari 1977]

Teresa Macrì, *Politics/Poetics*, Postmedia Books, Milano 2014

Christian Marazzi, *Capitale & linguaggio, Ciclo e crisi della new economy*, Rubbettino, 2001 [trad. in. *Capital and Affects. The Politics of the Language Economy*, MIT Press, Cambridge (Ma) 2011]

Renzo Martens in conversation with Artur Żmijewski, *Artists come to create Beauty and Kindness*, in Joanna Warsza, Artur Żmijewski (a cura di), 2012

Matteo Mazzoni, *Livorno all'ombra del fascio*, Olschki, Firenze 2009

Matteo Mazzoni, *Costanzo Ciano, il fascismo a Livorno*, in "Quaderni di Farestoria", Anno XIII n. 2-3, maggio-dicembre 2011, I.S.R.Pt Editore, Pistoia.

Ana Mendieta, *Art and Politics*, 1982, in Gloria Moure, *Ana Mendieta*, Ediciones Poligrapha, Barcelona 1996

Malcolm Miles, *Art, Space and the City. Public Art and Urban Future*, Routledge, Londra - New York 1997

William J. T. Mitchell, *The Violence of Public Art: "Do the Right Thing"*, in "Critical Inquiry", vol. 16, n. 4, estate 1990, The University of Chicago Press, Chicago

Lewis Mumford, *Technics and Civilization*, Harcourt, Brace and Co., New York 1934. [trad. it. *Tecnica e cultura*, Il Saggiatore, Milano 2002]

Lewis Mumford, *The Myth of the Machine*, vol. I: *Technics and Human Development*, Harcourt, Brace and Co., New York 1967; vol. II: *The Pentagon of Power*, Harcourt, Brace and Jovanovich, New York 1970. [trad. it. *Il mito della macchina*, 1969-2011; *Il Pentagono del potere*, 1973, Il Saggiatore, Milano]

Antonio Negri, *Il potere costituente: saggio sulle alternative del moderno*, SugarCo, Carnago 1992 - Manifestolibri, Roma 2002

Nel trigesimo della morte di Costanzo Ciano. Creatore del Nuovo Ospedale di Livorno, Officine Grafiche G. Chiappini, Livorno, 1939

Robert S. Nelson, Margaret Olin (a cura di), *Monuments and Memory, Made and Unmade*, The University of Chicago Press, Chicago-London, 2003

Linda Nochlin, *Why have there been no Great Women Artists?*, in "ARTnews", n. 69, Gennaio 1971, New York [trad. it. *Perché non ci sono state grandi artiste?*, Castelvecchi, Roma 2014].

Cipriano Efisio Oppo, *La Terza Quadriennale*, in "Le arti. Rassegna bimestrale dell'arte antica e moderna a cura della Direzione Generale delle antichità e belle arti", III, febbraio-marzo, anno I, Le Monnier, Firenze 1938-1939

George Orwell, *1984*, 1949 [trad. it. *1984*, Mondadori, Milano]

George Orwell; Ian Angus, Sonia Orwell (a cura di), *The Collected Essays, Journalism and Letters of George Orwell*, Secker & Warburg, Londra 1968

Gianpaolo Panessa, Olimpia Vaccari, *Livorno. Il primato dell'immagine*, Pacini Editore, Pisa 1992

Adrian Parr, *Deleuze and the Memorial Culture. Desire, Singular Memory and the Politics of Trauma*, Edinburgh University Press, Edinburgh 2008

Pier Paolo Pasolini, *Scritti Corsari*, Garzanti, Milano 1975-2010

Gianni Pettena, *L'Anarchitetto*, Guaraldi, Rimini 1973-2010

Gianni Pettena (a cura di), *Radicals. Architettura e design 1960/75*, catalogo della mostra, VI Mostra Internazionale di Architettura, La Biennale di Venezia 1996, Il Ventilabro, Firenze 1996

Renate Petzinger, Volker Rattemeyer, *Jochen Gerz. Catalogue raisonné*, Verlag für Moderne Kunst Nuremberg - Museum Wiesbaden 1999-2011 Susan Philipsz, *Study for Strings*, 2012

Patricia Phillips, *Out of Order: the public art machine*, in "Art Forum", dicembre 1988

Leonardo Piasere, *I rom d'Europa. Una storia moderna*, Editori Laterza, Roma-Bari 2004

Lorenza Pignatti, *Mind the Map. Mappe, diagrammi e dispositivi cartografici*, Postmedia Books, Milano 2011

Andrea Pinotti, *Antitotalitarismo e Antimonumentalità. Un'affinità elettiva*, in Gian Piero Piretto (a cura di), 2014

Alessandra Pioselli, *L'arte nello spazio urbano. L'esperienza italiana dal 1968 a oggi*, Johan & Levi Editore, Milano 2015

Elena Pirazzoli, *Disumana e quotidiana. La scala monumentale del nazismo*, in Gian Piero Piretto (a cura di), 2014

Gian Piero Piretto (a cura di), *Memorie di pietra. I monumenti delle dittature*, Raffaello Cortina Editore, Milano 2014

Gerald Raunig, *Kunst und Revolution. Künstlerischer Aktivismus im langen 20. Jahrhundert*, Verlag Turia + Kant, Vienna 2005 [trad. in. *Art and Revolution. Transversal Activism in the Long Twentieth Century*, Semiotext(e), Los Angeles, 2007]

Alois Riegl, *Der moderne Denkmalkultus. Sein Wesen und seine Entstehung*, 1903 [trad. it.

Sandro Scarrocchia (a cura di), *Il culto moderno dei monumenti. Il suo carattere e i suoi inizi*, Abscondita, Bologna 1981; trad. in. *The modern cult of monuments: its character and origin*, in "Oppositions: Journal for Ideas and Criticism in Architecture" n. 25, New York 1982, pp. 21-51]

Marco Rossi, *Arditi non gendarmi! Dall'arditismo di guerra agli Arditi del popolo 1917-1922*, BFS Edizioni, Pisa 1997-2011

Marco Rossi, *Livorno ribelle e sovversiva. Arditi del popolo contro il fascismo 1921-1922*, BFS Edizioni, Pisa 2013

Ferdinand de Saussure, *Cours de linguistique générale*, Payot, Losanna-Parigi 1916 [trad. it. *Corso di linguistica generale*, Laterza, Roma-Bari 1967-2012; trad. in. *Course in General Linguistics*, McGraw-Hill Book Company, New York - Toronto - Londra 1966]

Gabi Scardi (a cura di), *Paesaggio con figura. Arte, sfera pubblica e trasformazione sociale*, Allemandi, Torino 2011

Federico Scaroni, *Cronaca e storia di un rimosso cantiere di regime: il mausoleo di Costanzo Ciano a Livorno*, in "Quaderni dell'Istituto di Storia dell'Architettura", Università degli Studi Roma La Sapienza, Dipartimento di Storia dell'Architettura, Restauro e Conservazione dei Beni Culturali, Nuova Serie, fascicolo 42, Bonsignori Editore, Roma 2003

Marco Scotini (a cura di), "No Order. Art in a Post-Fordist Society", n. 1, 2010, Naba, Milano - Archive Books, Berlino.

Marco Scotini, *Il museo disperso e la cattura della storia. Una conversazione con Charles Esche*, in "No Order", 2010

Marco Scotini, *Governo del tempo e insurrezione delle memorie*, in Elisabetta Galasso, Marco Scotini (a cura di), 2014

Eyal Sivan, *Quando la memoria è al servizio della violenza politica*, in Elisabetta Galasso, Marco Scotini (a cura di), 2014

Albert Speer, *Erinnerungen*, 1970 [trad. it. *Memorie del Terzo Reich*, Mondadori, Milano 1976; trad. in. *Inside the Third Reich*, Simon & Schuster, New York - Toronto - Londra 1970]

Giorgio Spotti, *La scomparsa di un eroe. Costanzo Ciano di Cortellazzo*, in "Almanacco fascista del Popolo d'Italia" 1940, Milano

Stefano Taiss, *Presente! I memoriali del fascismo italiano*, in Gian Piero Piretto (a cura di), 2014

Pelin Tan, *Per una possibile controcultura: la dimensione locale*, in Gabi Scardi (a cura di), 2011

Nato Thompson (a cura di), *Living as Form. Socially Engaged Art from 1991-2011*, Creative Time Books, New York - The MIT Press, Cambridge (Ma) - Londra 2012

Italo Tomassoni, *Gino de Dominicis. Catalogo Ragionato*, Skira, Milano 2011

Paul Virilio, *La Bombe informatique*, Éditions Galilée, Parigi 1998

Joanna Warsza, Artur Żmijewski (a cura di), *Forget Fear. 7th Berlin Biennale for Contemporary Art*, KW Institute for Contemporary Art / Verlag der Buchhandlung Walther König, Colonia 2012

James E. Young, *The Counter-Monument: Memory against Itself in Germany Today*, in "Critical Inquiry", Vol. 18, n. 2, Inverno 1992, The University of Chicago Press, Chicago

James E. Young, *Memory and Counter-Memory. The End of the Monument in Germany*, in "Harvard Design Magazine", n. 9, autunno 1999, MIT Press, Cambridge (Ma) - Londra

Ruggero Zangrandi, *Il lungo viaggio attraverso il fascismo. Contributo alla storia di una generazione*, Einaudi, Torino 1948 - Garzanti, Milano 1971

Luca Zenobi, *Reinventare la storia*, in Gian Piero Piretto (a cura di), 2014

Adachiara Zevi, *Monumenti per difetto. Dalle Fosse Ardeatine alle pietre d'inciampo*, Donzelli Editore, Roma 2014

Sitografia / Websites

www.alterazionivideo.com
www.archive.atitolo.it
www.archiviazioni.org
www.artribune.com
www. aznamusnart.org
www.borderline.lu
breadandpuppet.org
www.cementoamato.it
chtodelat.org
www.connectingcultures.info
www.designforconflictheritage.net
factoryoffoundclothes.org
guilmiartproject.wordpress.com
www.isolartcenter.org
www.london.gov.uk/what-we-do/arts-and-culture/art-and-design/fourth-plinth
www.osservatorionomade.net
www.progettodiogene.eu
stalkerpedia.wordpress.com

Memento
L'ossessione del visibile
di Pietro Gaglianò

postmedia books 2016
seconda edizione 2022
128 pp.
isbn 9788874901470

CARICO MASSIMO

www.caricomassimo.it

Finito di stampare nel mese di novembre 2020

Postmedia Srl
Milano

www.postmediabooks.it